新装増補 リスク学入門 2

経済からみたリスク

新装増補 リスク学入門 ②

経済からみたリスク

責任編集　橘木俊詔　Toshiaki Tachibanaki

岩波書店

刊行にあたって

　近代の産業社会は科学技術の発展により，豊かさをもたらすことに寄与してきた．しかし，産業社会は便利で快適な生活をもたらす反面，多大の科学技術が引き起こす新たな危険性を生み，また不透明さも増した．

　たとえば，感染症を少しでも予防するために水質改善に使われる薬品が，一方では発がんリスクを生むとか，便利な容器としてのプラスチックの普及が，その廃棄や事後処理の問題を起こす．あるいは食糧事情を改良するために開発された遺伝子操作や，安定したエネルギー供給のための原子力発電などのように，どこまでどれだけの被害が及ぶのか将来予測のしがたいリスクをもたらした．また，これらのリスクはこれまでの火災や交通事故，犯罪被害，さらには，失業，貧困，疾病，離婚，暴力，いじめ，プライバシーの侵害などといったリスクと相俟って，問題を一層複雑化させている．

　現代は，産業社会のグローバル化に伴い，テロ行為や国家間の突発的紛争といった予測の難しいリスクに重層的に取り囲まれ，しかも科学技術の進歩とともにリスクは加速度的に肥大化しつつあり，その被害は従来の階級や階層や国境の違いを超えて拡散しつつある．現代はまさに「リスク社会」である．このようなリスク社会への対応は，これまでの学問の枠組みでなく，新たな学際的対応が求められているといえる．

　リスク社会は産業社会と背中合わせの概念である．産業社会が富を増大し生活水準を上昇させる光の部分に焦点をあてるのに対し，リスク社会は産業化がもたらす影の部分，すなわち生活の不安と恐れ，不確実さと制御しがたい将来に焦点をあてる．両者の違いは，リスク社会が反省的・再帰的視点を備えていることである．つまり，富の生産と拡大よりもそれがもたらす恐れや不安に応答的であり，それらの原因と解消に敏感になることである．したがって，リスク社会の視点は産業化がもたらす副作用を体系的に解明し評価する視点を提供してくれる．

刊行にあたって

　リスク社会が持つもうひとつの意義は，21世紀の課題である，持続可能な社会を構築する上で不可欠な視点となることである．なりふり構わぬ成長や発展ではなく，獲得した豊かさを有意義に活用して幸福を持続的に追求するには，リスクに対する脆弱さを克服する必要がある．そのためには，医療や健康，金融，法，企業と産業，消費，住居，勤労，余暇，教育，家庭などの各場面で，リスク研究がなされる必要がある．

　本シリーズは，そのような学界の動向を敏感に捉えつつ，将来におけるリスク研究の体系化——「リスク学の構築」——に備えた試みを企図して編まれた．リスク学の樹立には，独自の視座，リスクの定義，リスク分析，リスク評価，リスク管理などの整備が必要だが，そのためにまず，個別的なリスク論の蓄積を整理することとしたい．

　そこで，本シリーズでは，次のような構成を採用することにした．まず，従来のリスク論からリスク学への展望を示すことで，リスク社会の特質とその管理の方向性が示されるであろう(第1巻)．次に各論編として(第2-5巻)，リスク研究として先進分野であり蓄積もある経済と科学技術の分野をとりあげ，そこでの知見を踏まえることとする．次いで，個人情報漏えいのリスクと法律上の保護やサイバー社会のリスクと法など，最近とみにリスク対処法として関心が高まっている法律分野を，また家族や教育現場，疾病と医療，余暇と人との交わりなど，より広範囲な社会生活分野をとりあげる．そして各分野で，①リスクがどう定義され，②リスク問題に対してどのような取り組みがなされてきたか，③現状での問題点と今後の課題は何か，を明らかにする．その上で，④リスク回避ないしリスク低減化のために何をなし得るかの解決法を提示する．これらの思考のプロセスを経ることによって，各学問分野において，これまでとは違ったアプローチによる問題解決が見いだせるであろう．

　リスク社会の現状分析と将来展望を通して，本シリーズが「リスク学」という新たな学問を構築するための契機となることを願って，ここに日本におけるリスク論者の学問的業績を結集したい．

2007年7月

編者一同

新装増補版 刊行にあたって

　2011年3月11日，千年に一度ともいわれるマグニチュード9.0の超巨大地震が東北三陸沖を震源として発生した．これにともない「想定を超える」大津波が岩手県・宮城県・福島県の沿岸部に押し寄せ，多くの住宅，店舗，公共施設が流され全壊した．加えて，福島第一原子力発電所の事故が発生し，原子炉の炉心溶融と水素爆発により大量の放射能が大気へ放出され，東北地方だけでなく関東地方にまでそれが飛来して甚大な放射能汚染の被害を住民にもたらした．われわれはそこにリスク社会の現実をまざまざと見せつけられたのであった．そして「3.11」と「フクシマ」は東日本大震災を象徴する言葉として，グローバルに共有されることとなった．

　本シリーズは3.11に先立つこと3年余，2007年7月から11月にかけて刊行された．このたびの大震災の可能性を特段に想定していたわけではない．グローバル化のなか産業社会がリスク社会化している実態を踏まえて，時代の要請として「リスク学」を提唱し，分野ごとに学術的体系化を目指す先駆的な作業を試みたのであった．しかし，くしくも東日本大震災は，地震・津波・原発事故という激甚な複合的災害の脅威を国民のみならず地球社会の住民に気付かせるに至り，「リスク学」の重要性が，緊迫感をもって高まることになった．そしてリスクガバナンス，リスクリテラシーやリスクコミュニケーションなど，リスク管理に関わる取り組みがあまりにも遅れている現状に対する危機感を呼び起こした．

　こういう目で改めてシリーズを見直してみると，ここにはすでに，地震災害，低線量被曝など，3.11後の問題が論じられている（第5巻）．このほか，経済不況がもたらす失業・雇用・貧困などのリスクがカバーされ（第2巻），法学的視角からみたインターネット社会や安全保障におけるリスク問題（第3巻）のほか，深刻化する社会問題として家族や教育現場でのリスクも取り上げられている（第4巻）．これらは広い意味で災害リスク対応および復興問題に通じるテー

マであり，本シリーズが今まさに再刊されるべきものと考えるゆえんである．

シリーズを再刊するにあたっては，単純に重版ないしは一括復刊するという方法もありうるが，それでは3.11後のことがまったく反映されないことになる．一方，全面的に改訂するとなると，作業的にも時間的にもさまざま問題が発生する．そこで，以下の編集方針にて「新装増補版」を刊行することとした．

(1) 第2-5巻の巻末に，各責任編集者による「3.11後のリスク学のために」の論考を付す．
(2) 各巻巻末に掲げてある「関連文献解題」に，各執筆者による旧版刊行後の文献解題を1,2追加する．
(3) 第1巻には各巻の「3.11後のリスク学のために」の文章を踏まえて，巻末に全編集委員による座談会「リスク学の再定義と再構築——3.11を踏まえて」を付す．

これらの方針によって，喫緊の課題に対応するとともに，3.11を媒介としたリスク学の新たな展開へと繋がっていくことを期待したい．

2013年3月

編者一同

目　次

リスク学入門 2

目次

刊行にあたって
新装増補版 刊行にあたって

序章　経済学上のリスク対策 ………… 橘木俊詔 ……… 1
Ⅰ　ライフサイクル上のリスク　1
Ⅱ　セーフティネットとしての保険制度　4
Ⅲ　保険制度を運用する際の諸問題　6
Ⅳ　企業と環境にまつわるリスク　7

第1章　医療・介護と年金とリスク … 駒村康平 ……… 9
はじめに　9
Ⅰ　健康に関するリスクと医療保険　15
Ⅱ　所得変動のリスク——年金保険の役割とその限界　25
おわりに　37

第2章　失業と労働災害——労働の二大リスクを考える
 ……………………………… 太田聰一 ……… 41
はじめに　41
Ⅰ　失業と労働災害のリスク　44
Ⅱ　リスクに対処する　51
Ⅲ　今後の課題　61

第3章　貧困のリスク ……………………… 阿部 彩 ……… 65
Ⅰ　貧困リスクのとらえ方　65
Ⅱ　貧困の定義——貧困とはなにか　67
Ⅲ　日本の貧困率の推移　69
Ⅳ　貧困率上昇の要因　70
Ⅴ　国際比較からみた日本の貧困の特徴　72
Ⅵ　社会保障制度の防貧機能　78
Ⅶ　所得以外の項目を用いた貧困指標　87

おわりに　92

第4章　環境リスク削減とその経済的影響
………………………………… 岡　敏弘 …… 95

はじめに　95
I　費用便益分析とは何か　96
II　リスク削減への費用便益分析の適用　100
III　直ちにわかる費用便益分析の限界　102
IV　制度派・マルクス派からの批判　103
V　プラグマティズムからの批判　105
VI　便益概念の問題　106
VII　費用概念の問題　109
VIII　費用と経済的影響　111
IX　プラグマティックなリスク規制の例　114
X　意思決定方法論はどこへ向かうべきか　118
おわりに　120

第5章　正社員と非正社員のリスク
………………………………… 永瀬伸子 …… 123

はじめに　123
I　なぜ非正規雇用が拡大しているのか　124
II　正社員と非正社員の格差の実態　128
III　不安定雇用からどれだけ容易に抜け出せるのか，
　　誰が不安定雇用に入るのか　130
IV　不安定雇用に対する
　　社会的保護が薄いのはなぜか　135
V　不安定雇用に対する
　　新しい社会的保護のあり方　138

第6章　企業倒産リスク ……………… 広田真一 …… 147
I　Wall Street Journal の記事　147

目　次

　　Ⅱ　企業倒産とは　150
　　Ⅲ　企業倒産のコスト──誰が困るのか？　152
　　Ⅳ　企業倒産リスクへの対処　158
　　Ⅴ　企業倒産リスクの今後　165
　おわりに　168

3.11 後のリスク学のために
3.11 後の経済と政策 ……………………… 橘木俊詔 …… 173
　　Ⅰ　大災害や戦争の後に経済は回復する　173
　　Ⅱ　2011 年の大被害は例外か？　175
　　Ⅲ　マクロ経済政策効果と限界　177
　　Ⅳ　発想の転換を──被害者支援と定常状態へ　179
　　Ⅴ　福島原発事故の教訓　180

　経済学関連文献解題　185
　索　引　189

序　章
経済学上のリスク対策

橘木俊詔

I　ライフサイクル上のリスク

　リスクの高まっている時代である．人間は生まれてから死ぬまで，不確実に発生する様々な事象に遭遇する．喜びを感じることもあるが，悲しむことに遭うことのほうが多い．

　人生上でどのように思いがけないこと，あるいは意図的なことに遭遇するかといえば，結婚，子どもの誕生と子育て，教育，就職，失業，家計破産，離婚，労働からの引退(すなわち老後)，病気，寝たきり，死亡などほとんどの人が経験することである．しかし，ここに列挙したことのうち，人によっては経験しない事象も相当ある．たとえば，離婚の数は増加しているとはいえ，まだ大多数の夫婦は離婚の経験はない．

　本書はここであげた人生上の諸事象に注目して，人はどのような対応策や準備をしているかを詳しく検討することにある．いわば，「ライフサイクル上で発生する諸々の不確実性の高い重要な事象の評価と対応策」の考察といってよいものである．これらの諸事象の多くは人に不幸をもたらすものであり，本書ではそれに備えたセーフティネットとして，人間はどのような制度を準備してきたかを明らかにするとともに，その効果が有効であったかどうかについても検討する．これらのことを経済学に立脚しながら分析するのである．

　もとより，これらの事象は不幸な出来事ばかりではない．たとえば結婚や出

産，就職等は幸福なことである．したがって，不幸に備えるといった視点だけでこれらを評価するのはあやまりである．むしろ現代においては，結婚しない人，子どもを生まない人などの現象が目立つことからもわかるように，いくつかのリスクを避けることを好む人の数も増加している．たとえば，結婚しなければ，離婚は経験しえないし，子どもをもつことのリスクも小さくすることができるのである．

　就職というのは，人間が生きていくための生活手段を得るためのものである．人は稼ぐために働くのである．就職した後も，不確実なことは発生する．生活保障を脅かすものの代表は失業である．失業保険制度に加入している人には，ある程度の所得保障は用意されているが，制度に加入していない人や，廃業を経験する自営業者にとっては，大きな所得の喪失を意味する．失業時の所得保障は重要なテーマであり，本書ではこれにも注目する．

　人は働いているときにもリスクに会う．代表的なものは労働災害なので，このことにも論及する．労災に関しては，保障額が通常の医療保険給付額よりも大きいので，被害に会った人は医療給付よりも，労災保険給付の適用を希望する．したがって，認定が困難な作業となるし，責任者は誰であるかをめぐって紛争にもなる．そこで労災と医療保険の違いを分析する．さらに，産業によって労災の発生率は大きく異なるし，保険料負担の対象を企業だけにしてよいのか，といった問題についても論じる．

　人々が働くときの形態として，どのような就業選択をするのか，あるいは選択せざるをえないか，ということも興味のある課題である．フルタイムの正規社員として働くのか，それともパートタイムや派遣社員のような非正規社員として働くかの違いである．正規社員と非正規社員の相違は，格差の大きい賃金差だけでなく，社会保障制度への加入や企業の提供する非法定福利厚生に関しても，両者に格差がある．したがって，非正規社員は失業や病気・傷害といった様々なリスクに対して無防備であるといっても過言ではない．これをそのまま放置しておいてよいのか，大きな論点である．

　すべての非正規労働者が望んでそのような就業形態を選択しているのではない．できれば正規社員として働きたいと願っている人がいる一方，家事や子育てとの両立を図るために意図的にパート就労を望む人もいる．あるいは高齢者

には健康上の理由から，パート就労を望む人も多い．これら意図的，ないし非意図的な選択をもたらしている制度的な要因や，人々の働き方の希望についても探求する価値はある．

　日本の社会は格差社会に入ったとされる．一億総中流と言われた時代は過去のものとなり，現在は貧富の格差が拡大中である．リスクということからこれを評価すれば，富裕者は放置しておいてよい．金持ちになるリスクということ自体に意味がないし，そもそも富裕者になることは幸福なことでもある．一方，貧困者になるというリスクは放置しておけないどころか，経済学が取組まねばならない重要テーマの1つである．食べることに困る人の存在は人間社会にとっての恥とも言えるので，貧困のリスクを議論してみたい．

　高度成長期から大不況期前の日本では，貧困という言葉が一部の識者を除いて語られることはなかった．言わば一般の人にとっては遠い世界の話題でもあった．一億総中流という言葉がそれを物語っている．しかし，現今の日本では貧困は相当深刻さを増している．そこで本書では，なぜ貧困者が増加したのか，誰が貧困というリスクに遭うのか，貧困撲滅の政策，等について議論する．

　すべての人が遭遇するのは，人生の最終点である死亡である．さらに，勤労している人もいつかは遭遇する事象として労働市場からの引退があり，年金や老後のために準備した金融資産を用いて生活する．そこで年金制度に注目する．少子・高齢化時代に突入した日本では，多くの人々が将来の年金制度に不安を抱いている．年金制度の現状を正確に理解した上で，財政危機が予想される公的年金制度をどう改革すればよいのか，大きな関心事である．寝たきりになるリスクもあり，誰がどのような介護をするのか，という問題も，介護保険の導入があって国民の関心は非常に高い．

　さらに，老いも若きも遭遇するリスクとしては病気や傷害のリスクがある．いわば人は誰でも病気や傷害に遭遇する．これらを治療する医学に関することの重要性は当然であるが，その際の費用を誰がどう負担するのか，ということも重要である．医療保険制度がこのようなリスクに備えたものとして存在するのでそれを議論する．

　ここで述べたような死亡，老後，傷病，介護に備えた諸々の制度は，最大の関心をもって分析されるテーマである．いわばライフサイクル上で発生する重

要な不幸な事象に対して，人はどのような対応策を準備してきたのだろうか，その準備政策はうまく機能してきたのだろうか，というのがここでの分析課題である．そして準備のためのコストは誰によってどのように負担され，そして期待されるベネフィットはうまくいきわたっているだろうか，というのが分析の際の問題意識となる．

II セーフティネットとしての保険制度

　経済学では人間生活の経済的な側面を扱うので，リスクに関していえば，損害の発生確率をミニマムにする，被害の補償策を考える，最低生活保障を満たす制度の準備，といったことが主要な関心となる．それらのために，保険制度，セーフティネット(安全網)といったことに注目する．ここまでに述べてきた労災保険，失業保険，年金，医療，介護といった諸制度を，統一された一般論として考えることも重要である．それが保険の経済学である．

　保険制度は不確実に発生する不幸な事象が発生した時，被害を最小にするための制度である．保険に加入する人達が保険料を拠出しあい，被害が発生した時に集めた資金から補償額を支払う制度である．保険制度には公的部門の運営する強制保険(失業保険，労働災害保険，公的年金を考えればわかりやすい)と，参加が任意で民間会社の運営する保険(生命保険，一部の損害保険)の二種類がある．

　保険制度をセーフティネットと理解するとわかりやすくなる．セーフティネットはサーカスの空中ブランコの下に張られたネット(網)を考えればわかりやすい．空中ブランコの演者はネットが張られておれば，たとえ落下してもケガの程度をミニマムにできる．このことが演者に安心感を与えることになるので，演技に勇気をもって臨むことができる．既に述べた保険制度もセーフティネットの一種とみなしてよい．

　経済学の歴史ではこのような保険制度，セーフティネットに関して分析の蓄積がある．情報の経済学といわれる分野もこれらと関係が深いし，最近では数学の一分野であるゲーム理論という分析手法も使われる．経済学から伝統的な

Ⅱ　セーフティネットとしての保険制度

　保険制度やセーフティネットを理解するには，酒井(1996)，山口(1998)，橘木(2000, 2002)が有用である．

　保険制度とセーフティネットにおいて，経済学で議論されるテーマで重要な概念は「モラルハザード(制度の悪用)」と「アドバース・セレクション(逆選択)」である．この両者をミニマムにするような，あるいは排除するような保険制度やセーフティネットはあるのか，といったことが分析されてきた．

　モラルハザードとは，保険制度に加入していたり，セーフティネットが充実していれば，人は制度の悪用を図るので，本来の目的を発揮できないことをいう．例を考えればわかりやすい．雇用者の半数位は失業保険(日本では雇用保険と呼ばれている)に加入しており，失業すれば給付があるし，貧困になると生活保護支給がある．モラルハザードは失業したり貧困であっても，給付があるので真剣に職探しをしない人がいることをさす．

　逆選択は医療保険を考えればわかりやすい．病気がちの人は進んで保険に入って給付を受けようとするが，健康に自信のある人は保険料が無駄になる可能性が高いので，医療保険に加入しようとしない．これを逆選択と呼ぶ．これを放置しておくと，医療保険制度は給付額が保険料収入を大きく上回ることになり，保険会社は破綻する．これを阻止するために，公部門がすべての人に強制加入を要求し，保険財政が健全に機能することを期する．アメリカを除いてほとんどの国で公的医療保険が準備されていることが，これを如実に物語っている．

　保険制度の運営・実践にあたっては，これらモラルハザードと逆選択の問題にいかに対処するかということが，もっとも関心の払われたことである．保険加入者(潜在的な加入者も含めて)と保険経営主体(公営・民営を問わず)がこれらをめぐって，死闘を繰り返してきたといっても過言ではない．

　保険制度において必ず発生する所得移転の問題を議論しておこう．例として医療保険を取り上げるが，健康な人から病気がちな人に，所得の移転が発生することは避けられない．すなわち，保険加入者の間で所得移転がみられるのである．この所得移転を社会全体で容認しないと，社会保険は成立しない．これをDiamond(1977)は，社会保険成立の基礎的条件として，構成員の間に連帯感が必要である，と説いている．

ただし，純粋経済学的に議論すれば，このような連帯感を必要としない．なぜならば，それぞれの保険加入者は自己の病気発生確率をあらかじめ予期し得ないわけで，病気になったときはここで述べた移転の受領者，病気にならなかったときは移転の提供者になるだけである．保険制度とはそのようなものである，とすべての人が理解すれば，必ずしも連帯感を必要とせずに，保険制度の運営は可能である．

しかし，現実の世界では，このような純粋経済学的解釈をしない人(すなわち移転による損得を問題にする人)がいるので，その人たちを倫理的に説得するために，社会的連帯感が必要である，と Diamond は主張したのではないかというのが私の解釈である．

Ⅲ 保険制度を運用する際の諸問題

ついでにいえば，わが国の公的年金制度において，世代間の所得移転の問題が議論されることが多い．すなわち，賦課方式のもとでは高齢化・少子化の進展により，現役の世代から引退した世代への所得移転が発生していることに注目して，世代間の不公平があると主張される．ここでの年金の問題も，すでに述べた医療保険における所得移転と性格が似ている．社会的連帯感を根拠に置くことによって，世代間不公平論の無意味さと身勝手さを非難するのか，それともわが国の人たちが純粋経済学的解釈をできない人であると嘆くかは，論者によってその判断が分かれよう．

社会保険の成立理由として，個々の人々の対応ができない，あるいは強制加入でないと保険制度が運営できない，といったことを述べてきたが，この理由のみによっては社会保険の存立を説明しきれない．そこで，これらのことを明らかにして，私の個人的意見も議論しておきたい．

これらは例えば Atkinson(1995)で示されている．第1に，もし非常に多くの人がなんらかの高いリスクにさらされているような保険制度の場合であれば，その人達の希望を満たせるような保険市場は成立しにくい．たとえば，風土病や疫病が流行している地域において，医療保険のビジネスは容易に成立しない．

さらに，現代のリスク時代を象徴するような原子力発電所の大事故，BSE で代表される食料に関する汚染，大地震のような大きな事件には，通常の保険制度では対応できない．

第2に，これまでの保険の経済学的解釈は，完全競争市場を念頭に置いてきたが，独占的な保険会社の存在を容認すれば，これまでの世界と異なった解釈を必要とする．なぜならば，独占的な保険会社は市場支配力を行使して，保険料率を操作することが可能であり，市場の失敗をその保険会社が補うこともありうる．すなわち，独占的な保険会社が市場のすべてを支配することも，市場の失敗を排除することにつながることがある（ただし，独占利潤を簡単に容認できないことも確かなので，この方法によって市場の失敗を排除する政策の導入は現実的ではない）．

第3に，これまでの保険理論は，いわゆる保険数理的なリスクのみに関心がありすぎた．すなわち，Atkinson の言葉を借りれば，Knight(1921)の主張したようなリスクに無関心であった．この第3の点をやさしく表現すると，時代の変遷によってリスクの性格も変化するし，社会の対応も変化していることを無視できない，ということである．たとえば，失業の性質も時代とともに変化する．もっと大切なことは家族機能の変化（たとえば単身者の増加，離婚の増加）は著しく，自助努力に頼りきれない雰囲気が社会に台頭していることなどである．あるいは，後に述べる環境問題に関しては，保険理論だけで対応できないことを多々含んでいる．これらを考慮すると，社会保険の成立基盤をもう少し幅の広い視点から議論する必要がある．

IV 企業と環境にまつわるリスク

経済学においてリスクを語るときは，企業がどういう役割を果たしているかに注目する必要がある．これまで失業や貧困のことを述べたが，企業がこれらの現象を発生させる要因としてからんでいる．例えば失業に関しては，企業を解雇されたというケースもあるが，企業倒産によって従業員が一挙に職を失い，失業者を生む原因ともなる．貧困も失業によって生じるし，企業が低賃金を支

払うときにも発生する．このように企業の活動ないし動向というのは，人々の経済生活の保障に直接関与しているのである．

そこで本書では，企業がどのような状況の下に倒産するのか，倒産を防ぐための方策があるのか，それらをコーポレート・ガバナンスの問題から企業の経営政策まで含めて，分析を行なう．さらに，倒産した後の事後処理，倒産を回避するための企業再生策，金融機関との関係，等々を含めて企業倒産のリスクを論じてみたい．

企業をリスクの観点から評価するとき，もう1つの側面は企業が環境問題を引き起こす主体である，と認識する必要がある．経済学が企業との関連で環境問題を論じるとき，外部不経済としてこれを分析する．例えば，騒音，煙害，不純物，CO_2といったように様々な公害の原因となる副産物を生み出す．日本において有名な水俣病，四日市煙害，アスベスト被害，等々で示されるように多くの例がある．

いわば環境問題発生の源泉である企業活動をどうすればよいのかが大きな論点となる．環境問題を発生させない生産体制のことを議論することも大切であるが，もし環境問題が生じたときの処理の仕方を巡っては経済学の登場が求められる．例えば，環境問題で被害を受けた人々や企業への補償政策，環境問題を生じさせないための諸技術や諸設備にかかる費用の負担方法，公共部門の関与のあり方，等々，課題は山ほどあるので，これらを議論する．

参 考 文 献

酒井泰弘(1996)，『リスクの経済学』有斐閣

橘木俊詔(2000)，『セーフティ・ネットの経済学』日本経済新聞社

同(2002)，『安心の経済学』岩波書店

山口光恒(1998)，『現代のリスクと保険』岩波書店

Atkinson, A.B. (1995), *Incomes and the Welfare States*, Cambridge: Cambridge University Press

Diamond, P.A. (1977), "A Framework for Social Security Analysis", *Journal of Public Economics*, vol.8, pp.275-298

Knight, F.H. (1921), *Risk, Uncertainty and Profit*, Boston: Houghton Mifflin

第1章
医療・介護と年金とリスク

駒村康平

　人々が生活を送るにあたっては様々なリスクに直面する．社会保障制度・社会保険は自己責任だけではなかなか対応できにくいリスクに対するシステムである．本章では，生活をめぐる様々なリスクの種類とその性格，人々の不安の問題を取り上げ，さらにリスクに対応する社会保障制度・社会保険として，医療・介護保険，年金保険の役割を考えていく．医療・介護保険については，医療・介護費の発生の確率，分布，保険の仕組み，そして高齢化に伴う医療・介護費の増大などの課題を考える．一方，年金保険は，障害保険，生命保険，老後貯蓄機能を持つ複合的な所得保障を担う保険である．しかし，その財政は，賦課方式であるため，高齢化が進むと不安定になる．高齢化社会においては，医療保険・介護保険・年金保険ともに，負担と給付の調整は不可避になる．今後，社会保障制度全体を通じて整合性のある改革が課題になる．

はじめに

　人々は生活上の様々なリスクや不確実性に直面し，それに対応するために保険への加入や貯蓄などの様々な生活保障手段を選択している．本章では，病気や障害，介護が必要となった場合，老後の生活費が足りなかった場合，主たる稼得者が早死にした場合に生活保障の中心となる社会保険を中心にその役割と限界，問題点を考えて行きたい．

第1章　医療・介護と年金とリスク

(a) 生活に関わる様々なリスク

リスクに関する研究

　生活を送るにあたって，人々は様々なリスク・不確実性に直面している．リスクとは，①危険なことがら，②危険なことが起きる確率という2つの意味で使われるが，ここでは危険なことが起きる確率と考えよう．リスクに対応するためには様々な方法があり，人々は自分がベストだと判断する方法でリスクに備える．そこで重要なのは，リスク＝危険なことが起きる確率を人々がどのように評価するかである．確率には，客観的な危険確率と主観的な危険確率の二種類がある．客観的な確率とは，コインの裏表が出る確率といったように測定，計算できる性格のものである．一方，主観的な確率とは，客観的な確率に対する個々人の予測であるが，信念などの精神的な影響を受ける．こうした主観的な確率，すなわち，人々のリスク認知は，客観的な確率と乖離する場合も少なくない．事故のイメージ，「恐ろしさ」や「未知性」もリスク認知に大きな影響を与える(岡本，1992).

　集団的に客観リスクを共有し，確率的な現象としてリスクを分散していく仕組みが保険である．もしすべてのリスクに対して保険というものが存在しているならば，期待効用理論によると，危険回避的な人であれば，無防備にリスクにさらされているよりも保険に加入する方が，満足度は高いはずである．しかし，期待効用理論でうまく人間行動を説明できない多くの問題が知られている．人々は，客観的な確率によって行動の選択をするわけではないことが知られるようになっており，最近は心理学などの研究蓄積を生かしながら新しいリスク研究の分野も広がっている(広田・増田・坂上，2002)[1]．客観的な確率と主観的な確率のギャップ，すなわちリスク認知を体系的に研究した分野としては，プロスペクト理論がある．プロスペクト理論研究によりカーネマンはノーベル経済学賞を受賞し，現在では投資行動分析などにも応用される行動経済学という分野に成長している．また，リスクと選択の問題は，経済問題にとどまらず医学の分野にも広がっている．

---

1) 期待効用理論と非期待効用理論，心理学におけるリスク研究に関する概説書として，西村(2000)(2,3,4章)がある．

存在するリスクにどのように対応するかは，結局，各個人のリスクの認知や本人の好みの影響を受けることになろう．新しい病気の発生，あるいは病気の発見，寿命の伸長といったように発生確率が安定していないリスクもある．さらには，人口減少・高齢化社会のなかで年金保険，医療保険，介護保険といった社会保障システムが持続するのかという客観的な確率が不明な「不確実性」も存在する．

人々の不安感

主観的なリスクは不安として見ることもできる．人々が生活上持つ不安は様々ある．図1は内閣府がほぼ毎年行っている「国民生活に関する世論調査」から作成したものである[2]．ここでの不安とは主観的なリスクを反映したものと考えてよいであろう．図1から，国民の様々な不安感が上昇傾向にあることがわかる．

しかし，図2で見るように1981年と2005年では回答者の年齢構成が大きく変化している．

実際には，図3で見るように，年齢とともに不安の種類が異なる．健康に対する不安は，加齢とともに変化する．また，家族の健康に対する不安感も家族形態や年齢の影響を受ける．老後の生活に関する不安は，年金に関心をもつ50歳代になるとピークになるが，年金をもらい始めると不安は低下する．一方，現在や今後の所得や資産に関する不安は働き盛りや扶養家族の多い30-40歳代のところでピークになる．

ただ，図4で示すように，このうち今後の所得や資産に関する不安については，ここ数年ですべての年齢層で上昇傾向にある点には注目する必要がある．不安感の高い高齢者の人口比率が高まる高齢化社会では，社会全体の不安感は増大することになる．

---

[2] 内閣府政府広報室(http://www8.cao.go.jp/survey/index-ko.html)より作成．

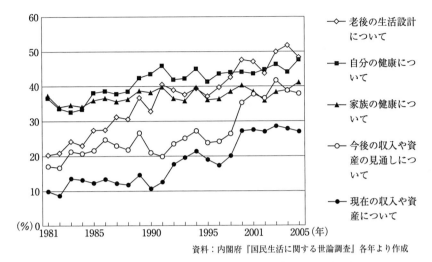

図1 国民の不安状況(1998, 2000年は調査が行われていない)

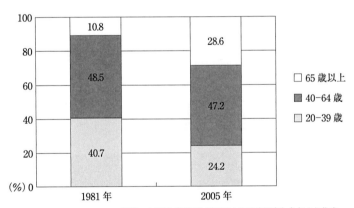

図2 世論調査の回答者構成

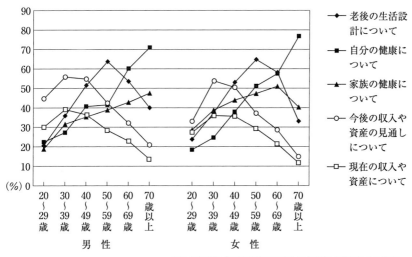

資料：内閣府『国民生活に関する世論調査』2005年より作成

図3　年齢別不安要素

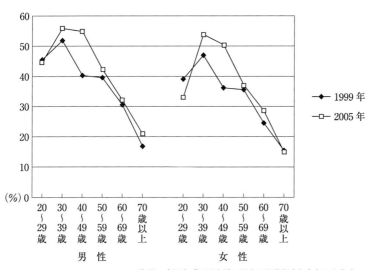

資料：内閣府『国民生活に関する世論調査』各年より作成

図4　所得や資産に関する不安動向

(b) 生活保障に関わる保障制度

様々な不安に対応する手段として,自助,互助,公助の三つの手段がある[3]. 自助とは貯蓄,民間保険といったリスクに準備する金融資産である.互助とは家族内,地域内の助け合いであり,公助とは社会保障制度など公的制度による生活保障手段である.日本の社会保障制度の中心は社会保険方式であり,長寿,早死,障害といったリスクに対する所得保障は年金保険,傷病の際の医療サービス保障は医療保険,自分自身や家族の介護の際の介護サービス保障は介護保険,失業した際の所得保障については雇用保険,労働災害の際の所得・治療サービス保障については労災保険,といった社会保険制度が用意されている.社会保険とは,保険の手法を使っての,所得やサービス保障の仕組みであるが,①条件を満たした国民は強制加入であること,②保険料は個々人のリスクを反映せず,定額あるいは所得に比例して設定されている場合が多いこと,といった点で特徴がある.

互助と公助,自助と公助,自助と互助の関係の区分もきれいに分離できない.たとえば,企業福祉といったものもあるが,これは雇用に伴う就労条件であるため,一種の自助としての性格がある.この一方,企業福祉には,企業内の仲間同士の助け合いという性格もあるため,一部には企業内の互助という性格を持っている.また,健康保険組合や厚生年金基金のように一部で企業福祉の提供を行いながら,一部で社会保険の役割を代替している組織もある.また互助と公助の関係も曖昧である.たとえば社会保険の一つである国民健康保険であるが,この源流も地域内の助け合いに遡ることができる(宮下,2006)[4].しかし,本章では,こうした自助,互助,公助の関係には深く立ち入らず,公助である社会保険制度について詳しく見ていくことにする.

---

[3] 国によってそれぞれの役割の大きさが異なる.諸外国の社会保障・福祉国家の類型化については,エスピン-アンデルセン(2001)を参照せよ.
[4] 国民健康保険の原型となった地域の互助組織として,定礼という仕組みがある.

I 健康に関するリスクと医療保険

(a) 健康に関するリスク

　図3で見たように健康に関する不安，すなわち病気やけがに関する不安はすべての年齢層に共通している．病気やけがのリスクを左右するものとしては，遺伝的な要因，食生活や運動といった生活習慣的なもの，事故といった予期しないもの，伝染病といった公衆衛生に関わるものなど多様である．病気やけがによって個人の生活機能は低下し，自立した生活や就労できなくなったり，治療のための費用が必要になる．

　年齢によって直面する健康リスクの種類も異なる．若いうちは確率は低いものの重度な急性疾患のリスクが中心になるが，高齢期になると加齢や生活習慣に伴う慢性疾患，生活習慣病が中心になる．高齢化社会においては，国民医療費の約30％が生活習慣病に費やされている．

　図5は，A市の国民健康保険のレセプトデータに基づき，通院・入院の医療費の分布を見たものである．年齢別に医療費分布の集中度を見ると，概ね上位25％の患者で医療費全体の70-80％を使っていることが確認できる[5]．

　このように考えると，医療費をめぐるリスクは，発生確率は低いものの，一度健康を害したら大きな費用が発生する性質をもつことがわかる[6]．

　このほか健康に関するリスクとしては，自分自身や家族が要介護状態になるリスクや障害を負って介助が必要になるリスクもある[7]．

(b) 医療保険・介護保険の役割

　こうした医療費・介護費のリスクをカバーするのが医療保険と介護保険であ

---

[5] 池上(2006)によると，医療費のレセプト点数を，高額な順からならべてその金額の分布を見ると，上位25％が全体の医療費の3/4を占めている．こうした傾向は，米国でも同じである．Getzen and Allen(2007)によると，上位1％が全体の医療費の30％，上位5％が全体の医療費の50％を使っている．

[6] 医療保険における給付の仕組みについては，地主(1992)を参照せよ．

[7] 40歳未満で障害になり，様々な介助サービスを必要とするリスクは，障害者福祉制度が担っている．

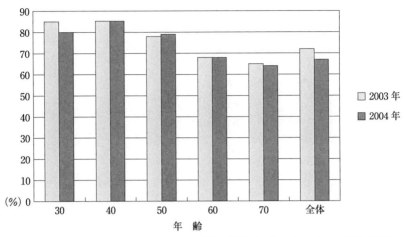

資料：SWIP プロジェクト・コンソーシアム（2006）
図5 医療費の上位 25％ への集中度

る．保険とは，保険の加入者が事前に保険料を支払い，保険事故が発生したのちに，事故にあった加入者がその事故の損害補償を受ける制度である．医療費のコストをカバーする保険が医療保険である．人々は，確実に保険料はかかるものの，大きな医療費がかかる病気が発生しても保険がその費用を確実に支払ってくれるメリットを受ける．保険の仕組みを支えるのが大数の法則である．これは，「ある試行を何回も行えば，確率は一定値に近づくという法則」である．もっともわかりやすい例は，サイコロの例である．サイコロを振った場合，回数が少ないと特定の目に偏る場合があるが，振る回数が増えて行くと次第にどの目の確率も 1/6 に接近していく．同じように病気になる確率も，加入者が多くなれば，一定の確率に収斂する．ここですべての加入者が 1％ の確率で 500 万円の医療費を必要になる病気をカバーする保険を想定しよう．各加入者にとっての平均（期待）医療費は，500 万円×1％ により，5 万円ということになり，加入者もこの保険料を支払えばよいことになる．しかし，加入者がきわめて少ない場合，たまたま病人がいなかったり，逆に数人の病人が出る場合もあり，その場合，保険全体で大きな医療費を確保する必要が出て，高い保険料になる可能性もある．図 6 の点線は，発生する可能性のある医療費の 99％ ま

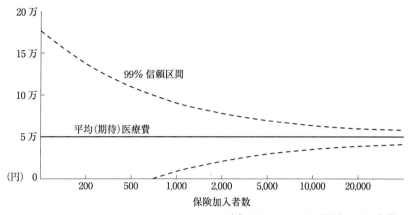

出典：Getzen and Allen(2007)，p.81 に加筆
図 6　保険者規模と平均(期待)医療費の関係

でカバーする平均(期待)医療費(＝保険料)の範囲である．加入者の数が少ないと，点線の幅が広く，極端に高い保険料が必要になったり，あるいは保険料がゼロになる場合があることがわかるが，次第に加入者数が多くなると，99％信頼区間が狭くなっていき，5 万円周辺に収斂していくことがわかる．

　この医療保険には民間医療保険と公的医療保険がある．民間医療保険は，任意加入であり，保険料も加入者の健康状態や病歴によって異なる場合が多い．民間医療保険は，加入するか否かは自由であるため，リスク認知が大きな影響を与える．病気になる客観的な確率よりも主観的な確率が高い，すなわちリスク認識にバイアスがあり，あるいは公的医療保険に関する知識が少ないと，必要以上に過大な保険を契約してしまうことになる(永田，2007)．

　また，公的医療保険がなぜ必要なのかという点については，民間医療保険の逆選択の存在が指摘される．逆選択とは，保険者が健康な人と不健康な人を区別できない場合，病気がちや健康に自信のない人ほどすすんで保険に加入するため，結果的に保険事故が多く発生し，保険財政が破綻してしまうことをいう．任意加入の民間医療保険では，逆選択が発生するので，全員強制加入の公的医療保険が必要ということになる．しかし，実際に逆選択が起きるのか疑問もある．民間医療保険では告知義務などによってむしろ危険選択，すなわち不健康

な人を保険に加入させない工夫がとられている．たしかに一部には，無選択保険(「誰でも入れる保険」)が売り出されているが，これは健康に自信のない人が加入することを想定し，保険料がはじめから割高に設定されていたり，保障期間の制限が厳しかったり，保険給付を支払わないことになっている病気が多いなど，逆選択を防止する仕組みになっている．この章では，以下，公的医療保険を中心に述べていく．

　日本では公的な医療保険にすべての国民が加入する，皆保険制度が採用されている．ただしすべての国民が同じ公的医療保険に加入しているわけではない．職業別に加入する医療保険が異なる分立型の医療保険制度となっている．最近の制度改革で給付内容はほぼ統一されたが，保険料は保険制度によって異なる．公的医療保険は大きく，サラリーマン・公務員とその家族が加入する健康保険と非サラリーマンの加入する国民健康保険に分けることができる．保険料もまた二つの制度で異なり，健康保険は家族の人数に関わりなく給与に比例するように設定されているが，国民健康保険は家族の人数などに応じた応益保険料となっている．こうした保険料の仕組みの違いは，給与所得が中心で税や社会保険料の賦課対象になる所得が把握しやすいサラリーマンと，トーゴーサンといわれるように所得捕捉が不完全な自営業など非サラリーマンとを，同じに扱うのが不公平であるという考えに基づく．また，2006年医療制度改革で，2008年以降は75歳以上の高齢者は独立した保険に加入することになった．

　医療サービスの給付は，3歳未満の子どもはかかった医療費の2割を，3歳から74歳は3割を，75歳以上は所得に応じて1割から3割の費用を，自己負担する必要がある．

　このほか，高度な医療サービスを受けた場合，医療費が高額になり3割も支払うことができなくなるため，高額療養費制度が用意されている．この制度により，一定額以上については，原則かかった医療費の1%のみを負担すればよいことになり，重い病気になったときの負担軽減の役割を果たしている．

　ただし，それでも，実際の医療に伴う自己負担分は図7のようになっている．年齢とともに自己負担額も増加してくることがわかる．

　一方，介護保険については，40歳以上の全国民が加入することになっている．介護保険は市町村単位に運営されており，被保険者は65歳以上の1号被

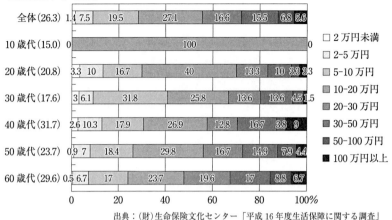

図7 年齢階級別 直近の入院時の自己負担費用

保険者と40歳から64歳までの2号被保険者に分類され，1号被保険者の保険料は市町村によって異なり，さらに所得の多寡によって増減額され，おもに公的年金から天引き徴収されている．一方，2号被保険者の介護保険料は医療保険料と合算徴収されている．1号被保険者と2号被保険者では給付内容が異なる．1号被保険者は，5段階に分けられる要介護の状態であると認定されると，1割の自己負担で介護サービスを利用することができる．一方，2号被保険者は，政令で定めた特殊な病気による要介護の場合のみ介護サービスを利用できることになる．

(c) 医療保険・介護保険制度の抱える問題

日本の医療保険制度の長所は，①国民皆保険，②患者が自由に医療機関を選択できるフリーアクセス，③全国どこでも，ほぼ均質の医療サービスを受けることができる，という3点とされてきた．また，国際比較においても，日本の医療保険制度は，①比較的低い費用で健康状態を確保できていること，②国民全体に医療サービスが確保できていること，③医療技術の進歩を比較的スムーズに取り入れていること，などコストパフォーマンスは国際的に高いと評価されている[8]．一方，日本の医療保険制度の問題点としては，①国民健康保険財

政に代表されるように，高齢化にともない保険財政が不安定になっていること，②医療機関の機能分化が行われず，資源が浪費されている可能性があること[9]，③医療技術の標準化・情報化が遅れ，重度な疾患について病院間の治療パフォーマンスに差があること，④医療機関の評価システムが不十分であり，患者の消費者主権が確立されていないこと，⑤出来高方式の診療報酬制度が，過剰投薬，検査など医療機関に誤ったインセンティブを与えていること，⑥ベッド数が過剰であり，そのため，ベッドあたりの医療スタッフの数が少なく，入院期間が長いこと，⑦地域別に診療科が偏在している，などが指摘されている(山崎・連合総研，2005)．

人口減少・高齢化社会のなかで医療保険制度も大きな課題を抱えている．それは，①高齢化・疾病構造の変化にともなう医療費増加と財政の不安定化，②医療サービスの供給に伴う諸問題と需給の地域・質的ミスマッチ，③雇用の流動化や非正規労働者増加に伴う医療保険の空洞化といった問題である．

高齢化・疾病構造の変化に伴う医療費の増加

日本の国民医療費は増加している．高齢者ほど医療費がかかるため，今後高齢化の進展に伴い医療費が急増するとされており，厚生労働省は2025年の国民医療費は56兆円に達し，そのうち44%は高齢者分になると予想している．現在の医療費の財源構造は，30%が国民の保険料，20%が企業による保険料負担，35%が税などによる公費負担，15%が患者負担などである．

小さい政府を目指す小泉・安部内閣は，医療費の増加が財政圧迫や経済の活動の足かせになるとして，その抑制を目的としている[10]．こうした医療費全体の抑制の課題とは別に，先に述べた日本の医療制度はいくつかの構造的な問題を抱えている．その一つが診療報酬制度である．診療報酬制度とは，医療機関

---

8) 平均寿命の高さ，乳児死亡率の低さ，国民所得に占める国民医療費の低さなどが評価されWHO(世界保健機関)の世界保健報告は到達度(①健康の水準，②健康の公平性，③保健システムの利用者への対応水準，④保健システムの利用者への対応の公平性，⑤全体の到達度)と保健資源の利用で測定した効率性という尺度で評価し，日本の到達度は世界1位と評価されている．
9) 病院を自由に選択できるため，軽度な病気でも大病院に通院するという大病院志向の結果，大病院で「3時間待って，3分受診」といわれるような混雑現象が発生している．
10) しかし，こうした厚生労働省の予測についても過去にかなりの過大な推計を行ったことや高齢化が医療費増加の主要因ではないという点から批判もある．

が行うサービスに対する対価を定める仕組みであるが，これは，政治的に決定されており，全国一律である．その仕組みは，基本的に医療機関のサービス量に比例して報酬が支払われる出来高方式である．多くの医療サービスを行うほど，医療機関の収入が増えることになる．この仕組みは，一時期に集中的に治療を行わなければならない急性疾患の場合はメリットがあるものの，必要以上の投薬や検査といった無駄な医療サービスを行い医療費を増大させてしまうというデメリットもある．こうした点を改善するために医療機関への報酬を一定範囲内に抑えるという包括払い方式といった仕組みが導入されつつある．

また人々の生活が健康状態に影響を与え，生活習慣病につながる可能性もある．高齢化社会においては，ますます生活習慣病が占める割合が高くなる．生活習慣病は，人々が避けようもないリスクというよりは，日々の生活の選択の結果である．高齢化社会においては，生活習慣病の抑制が重要な鍵となる．リスクそのものを下げる予防という発想は，介護でも重要になっており，健康寿命という考えも広まっている．肉体的な寿命の伸びに応じて，健康寿命が伸びていかないと，その分だけ医療費や介護費用が増加し続けることになる．

医療サービスの供給に伴う諸問題と需給の地域・質的ミスマッチ

医療において注目されているのは，医療サービスの質の問題である．さらに医療現場で行われる様々なミス，医師や看護師の技術の未熟さに起因する事故，といった医療過誤も人々にとっては大きな問題である．こうしたリスクを軽減するために，クリティカル・パスという治療の計画・進捗状況に関する情報を患者，医療スタッフ間で共有するシステムや，膨大な治療に関するデータベースや学会で承認されたガイドラインによって治療方法の的確性を確認するEBM(Evidence-Based Medicine)といった考え方が広がっている．また，医療機関の質を高めるために患者が病院を評価できるよう，第三者評価の仕組みも導入されつつある．

もう一つの医療サービスに伴う問題としては，医療サービスの地域間のミスマッチや量的不足である．過疎化や高齢化が進む地域に，すべての診療科を設置することは極めて難しくなっており，政府は医療資源を効率的・計画的に配置するため医療計画を進めている．しかし，実際には，大都市に医療機関が集

中する傾向はより進んでいる．

こうした中，最近注目されているのは，小児科・産婦人科の不足である．少子化のなかで，人口密度が低い地域では小児科・産婦人科が存在しなくなっており，子どもの生命に関わる事故が各地で発生している．実際に，10万人当たりの産婦人科・小児科の整備状況と乳幼児の死亡率の間に負の相関の関係，つまり産婦人科・小児科が少ない地域ほど乳幼児の死亡率が高いことが確認されている(今井, 2005)．効率性をあげながらも，安全性を確保できる医療ネットワークの確立が必要となっている．

医療保険の空洞化

近年，国民健康保険料を支払わない，あるいは支払うことができない未納者が増加し，2005年には約10%に達し，都市部ではいっそう深刻になっている．未納者の増加の背景には，非正規労働者の増加に伴う格差拡大，貧困者の増加がある．国民健康保険の加入者の平均所得は低下傾向にある．一方，2005年の所得税の改正と連動し，保険料は上昇傾向にある．国民健康保険は，国民年金と異なり免除制度がないため，保険料負担を免れるのは，生活保護を受け医療扶助を利用する場合に限定される．生活保護になるための資力調査は厳しいため，収入が低い低所得者が未納者になっている．保険料の未納が続くと，保険証は使えなくなり，代わりに資格証明書が発行される．資格証明書をもって受診した場合，一時的に医療費全額を負担し，のちに未納分の保険料と相殺して払い戻される．

社会保険方式は，①所得に応じた保険料を，②労使折半で，③給与天引きで徴収できるサラリーマンが加入する健康保険ではうまく機能するが，サラリーマンではないアルバイト・パートが増加する就業形態のなかで大幅な手直しが必要になる．具体的な対応としては，①医療扶助制度以外にも保険料を免除や軽減される制度を導入すること，②アルバイト・パートなど雇われている人が正社員同様に健康保険に加入するように，健康保険の適用範囲を拡大すること，などがある．

(d) 最近の改革の状況と課題

2005年介護保険改革と2006年医療制度改革

2000年にスタートした介護保険制度は，①要介護者，サービス利用者の急増，②介護サービス事業者による介護需要の掘り起こし，③軽度な要介護者の増加，が原因で急激に財政支出が拡大している．一方，今後，年金の給付水準が抑制されることや医療保険料の上昇が予測されるから，1号被保険者の支払う介護保険料の標準金額は月5000円程度に抑えるべきでないかという見方もある．このため，2005年の介護保険改革は20歳から39歳までの若い世代も介護保険の対象にすることが議論された．しかし，企業が保険料の半額を負担しなければいけなくなること，若い世代に対する給付がないことから年齢拡大は見送られ，介護保険制度と障害者福祉制度を統合する方向で，次回改正で改めて対象年齢については検討することになった．2005年介護保険改革では，①施設介護から地域・在宅介護への誘導，②施設介護の自己負担の引き上げ，③介護予防の強化，④サービス事業所に対する規制の強化が行われることになった．特に介護予防は，要介護リスクや介護の必要度を引き下げるという点から2005年改革の中心部分であり，地域包括支援センターなどが介護予防を支援することになっている．

一方，2006年6月の医療制度改革は，1982年の老人保健制度創設以来の4半世紀ぶりの大改革であった．その改革の内容を，医療保障の「大きさ」，すなわち医療保障給費のコントロールと「デザイン」，すなわち保険集団の範囲・単位，財源政策という2つに分けて見てみよう．

医療保障給付のコントロール

高齢化による医療費増大を回避するために，経済財政諮問会議では医療費の伸びをGDPの伸び率以内に抑える伸び率管理あるいは人口構成の変化を加味した高齢化修正GDP伸び率管理が主張された．この考えは，II節で述べる2004年年金改革で公的年金支出の伸び率を抑えたマクロ経済スライドと通じるものである．結局，改革は，総額の伸び率管理ではなく，給付範囲の見直しという短期政策と生活習慣病対策を中心とした中長期政策からなる医療費適正

化で医療費抑制を行うことになった．短期の医療給付費抑制は，診療報酬の引き下げに加えて，高齢者の窓口自己負担の引き上げ，療養病床における食費・居住費の引き上げ，高額医療費の自己負担限度額の引き上げといった内容である．

中長期抑制策は，療養病床数の削減と生活習慣病対策を柱にした医療費適正化計画である．国の目標とする全国医療費適正化計画に基づき，各都道府県は平成20年度から5年計画を策定，その実績評価を行い，医療費の伸びを抑制する努力をすることになった．

制度のデザインに関する改革

制度のデザイン，すなわち医療保険の仕組みは，①前期高齢者の財政調整の徹底化，後期高齢者医療制度が確立されたこと，②保険単位が都道府県単位に収斂する方向性が示されたこと，により大きく変化した．従来の保険間の資金融通である老人保健制度に対する拠出金は，高齢化率の異なる保険間の連帯，形式上は「横」の連帯であったが，後期高齢者医療制度とそれに対する支援金は，形式的にも実質的にも世代間の連帯（「縦」の連帯），世代間移転の仕組みになった．また同時に保険料の徴収方式も，後期高齢者は個人単位での年金天引きに統一され，すでに行われている介護保険の天引きも考慮すると手取りの年金はいっそう抑制されることになる．一方，支援金を支払う現役世代は，従来と異なり自分自身や家族の保険料分である基本保険料率と，後期高齢者支援金分・前期高齢者納付金分などからなる特定保険料率を支払うことになった[11]．しかし，2020-2025年頃には，現役世代の保険料に占める世代間移転分（特定保険料率）等の割合が50%を超える可能性があり，現役世代にとって，医療保険料の「高齢者医療目的税化」が強まってくることになった．このように社会保険料の性格はリスクへの対応から世代間の所得移転へと変化している．さらに高額療養費の自己負担分や高齢者の受診時の自己負担額は所得が高いほど大きくなることになった．本来，社会保険は，支払い能力に応じた保険料を支払えば，所得や資産にかかわらず給付を受給できるという点が長所であったが，

---

11) これには療養病床を老人保健施設等に転換する転換支援金分も含められている．

最近の改革では，受給の時に，所得や資産によって給付が異なってくるという給付時の所得再分配が行われるようになり，社会保険の役割は大きく変質している．

今後の課題──保健・健康づくり事業とその検証[12]

医療保険者，保険者協議会や国，都道府県，市町村による健診・保健指導，効果的な健康増進計画，健康づくりの普及啓発により生活習慣病を減らし，外来医療費・入院医療費の抑制を通じて医療費全体を抑制する中長期的な医療費適正化が強化される[13]．平成25年からは各医療保険者の生活習慣病への取り組みの実施状況や成果[14]をふまえ，各保険が負担する後期高齢者支援金の負担額の加算・減算を行うことが予定されている．生活習慣病への取り組みを行わない保険はペナルティーを支払うことを意味する．このことは各保険に対しはじめて直接的な医療費抑制のインセンティブが導入されたことを意味する．

II 所得変動のリスク──年金保険の役割とその限界

I節でふれた健康リスク以外にも，所得変動のリスクがある．人々は，病気，障害，死亡，失業，退職などで所得を得られなくなる場合に備え，普段から貯蓄や民間保険に加入している．また，国民でリスクを分散しようという考えや社会的な助け合いが必要であるというリスクについては，所得保障を行う社会保険制度や最後のセーフティネットとしての生活保護がある．ここでは，社会保険制度のうち，老齢，死亡，障害により所得が得られなくなるリスクをカバ

---

12) このほかの今後注目すべき課題としては，後期高齢者医療制度における診療報酬体系の構築である．後期高齢者の心身の特性等にふさわしい診療報酬が検討されている．厚生労働省は，①終末期医療の評価，②在宅における日常的な医学管理から看取りまで一貫した対応ができる主治医の普及，③医師，看護師，ケアマネージャー，ホームヘルパー等の連携による医療・介護の提供，④在宅医療の補完的な役割を担う，入院による包括的なホスピスケアの普及などを重点事項としている．国保中央会の研究会では，高齢者を日常的に見守り，継続的な医療を提供する診療所の「かかりつけ医」体制を強化し，かかりつけ医は登録した高齢者数に応じて定額の医師報酬を支払ういわゆる人頭割りと出来高払いを組み合わせる案も提案している．
13) 厚生労働省は2025年で6兆円の抑制を見込んでいる．
14) 目標達成の状況の数値は，健診データの把握率や保健指導の実施率，目標に比較した生活習慣病患者・予備群などの減少率である．

ーする公的年金制度を説明する.

(a) 寿命に関するリスクと公的年金保険の役割

年金の仕組み

　最も古い年金は，古代ギリシャの都市国家ミレトスが，マケドニアとの国際紛争に巻き込まれた際に，強制借り入れと引き替えに市民に終身年金を保障する一種の戦時財源政策として始まったとされるが，これは今日の社会保障制度の年金保険とはかなり異なるものである(右谷，1993)．一方，保険としての年金は，職能団体のギルドの相互扶助の仕組みからスタートしたとされる．その後，17世紀に「最後まで生き残った人がすべての掛け金を受け取る」という一種賭博のようなトンチン年金がフランスで生まれ，欧州に広まった．しかし，こうした年金は，すべての国民をカバーしたものではなく，一部の上流階級のものであった．今日の公的年金の原型を作ったのが，ドイツのビスマルクで，1889年に廃疾・老齢年金保険法を導入した．こうした長い歴史を持つ年金保険であるが，日本では1942年に労働者年金(のちに厚生年金)が導入された．

　まず今日の公的年金制度の概要を説明しよう．図8で示すように日本の公的年金制度は，サラリーマンや公務員が加入する厚生年金と20-59歳までの国民全員が加入する国民年金から構成されている．非サラリーマンの人は1カ月あたり14100円の保険料を支払い，国民年金(基礎年金とも呼ぶ)を受給する権利を得るが，サラリーマンは賃金に比例した保険料を負担し，基礎年金に加えて厚生年金も受給できる[15]．

様々なリスクに対応する年金保険

　公的年金保険は，①退職後予想以上の長寿によって生活費が不足するリスク，②一家の大黒柱が早く亡くなり被扶養の家族が遺されるリスク，③働き盛りの時に大きな怪我をして所得を得ることができなくなるリスク，という3つのリスクをカバーしている．①はまさに老後の所得保障であり，②は生命保険，③は障害保険の役割を果たす．ではそれぞれのリスクがどのようになっているか

---

15) 公的年金制度やその財政の仕組みについては駒村(2003)を参照せよ.

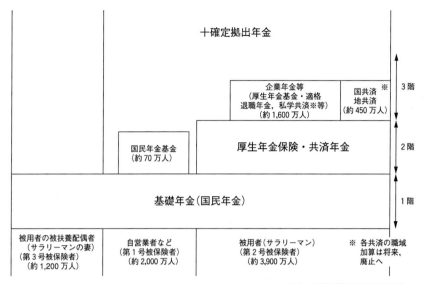

図8　公的年金制度の体系

見てみよう．

①長寿リスクと老齢給付

図9は完全生命表に基づく各年齢毎の余命の動向である．0歳時点での余命を一般に寿命と呼ぶ．1947年以降を見てもすべての年齢層で，余命が伸びていることがわかる．

ライフサイクル消費-貯蓄モデルに従うと，個々人は基本的に自分自身の老後のために貯蓄を行うことになる．しかし，自分が何歳まで生存するかは不確実である．さらに余命の伸長は個人にとっては予測しがたいものである．たとえば1947年に20歳になった人が，仮に65歳まで働き，それ以降の生活費を準備するとしよう．この場合，1947年時点での65歳の余命10.2年を参考にするであろう．しかし，1947年に20歳であった人が65歳になるのは1992年である．このときの65歳の人の余命は16.3年であり，6年分の生活費が不足することになる．もちろん45年間の間に少しずつ余命予測を修正するとしても実際の余命がどの程度伸びるかは，だれも個人では正確には予想できない．

予想以上の長寿に備えて老齢年金保険(老齢給付)が必要になる．

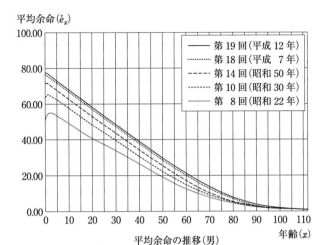

平均余命の推移(男)

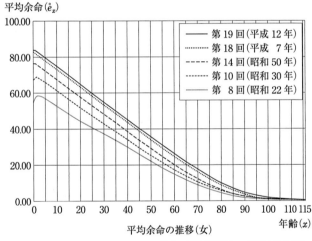

平均余命の推移(女)

出典：厚生労働省(2000)『完全生命表』
http://www.mhlw.go.jp/toukei/saikin/hw/life/19th/index.html

図9 余命の動き

老齢基礎年金(国民年金)の基本的な給付計算式は次のようになっている．

$$\text{月額年金額} = 138\text{円} \times (\text{保険料支払い月数} + X)$$

この式のうち，X は免除期間の扱いである．国民年金は所得に応じて 4 段階の免除を申請できる．免除期間は一定期間支払ったものとして扱われる．その扱いは，次の通りである．全額免除を受けた期間 = A，4 分の 3 免除を受けた期間 = B，2 分の 1 免除を受けた期間 = C，4 分の 1 免除を受けた期間 = D とすると，$X = A/3 + B/2 + C \times 2/3 + D \times 5/6$ となる[16]．

追加的な 1 カ月の保険料支払い(2007 年時点で国民年金の保険料 14100 円，将来的には 16900 円)は月当たり年金額を 138 円だけ増加させることになる[17]．

一方，老齢厚生年金の報酬比例部分の基本的な給付計算式は次のようになる．

$$\text{月額年金額} = \text{個々人の平均報酬} \times 0.548\% \times \text{加入年数}$$

たとえば 40 年加入すると $0.548\% \times 40 = 22\%$ より，1 カ月あたりの年金額は現役時代の平均報酬の 22% となる．これに先に述べた老齢基礎年金(国民年金)の給付額が加わる[18]．

この老齢年金は，長期の保険料拠出に基づいて，65 歳以降 20 年近い長期の受給を受ける長期保険である．このため，その間の経済の変動，特に物価の上昇リスクに対応するために物価スライド，すなわち物価や賃金が上昇したとき，連動して年金の金額も上昇する仕組みが組み込まれている．

②早く亡くなり，家族を遺すリスク

長寿とは逆に被扶養の家族を遺して予想以上に早死にするリスクもある．図 10 は年齢によって変化する遺族厚生年金の発生率を示している．男性は 50 歳

---

[16] ただし，$A+B+C+D \geqq 300$ を満たすことが受給資格となる．
[17] わずか 138 円と思うかもしれないが，40 年間 480 カ月支払えば 1 カ月の年金額は 6.6 万円，年額 79 万円となる．したがって，男性では，2004 年の 65 歳の平均余命で計算すると生涯の年金受給額は男性は 1112 万 3000 円となり，女性では平均余命はさらに長いため，女性は 1668 万 4500 円となる．またこの金額は，物価スライドによって調整するため，目減りをしない．この金額と生涯の保険料負担総額を比較すると国民年金は決して損はしないことがわかる．
[18] 0.548% の部分は給付乗率と呼ばれ，現役時代の賃金の何% が年金に反映されるかという尺度になる．

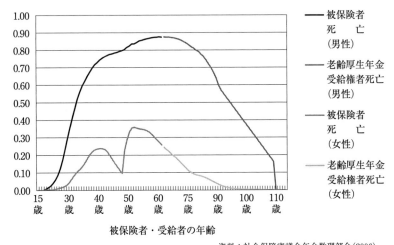

資料：社会保障審議会年金数理部会(2006)

図10 遺族厚生年金の発生率

から70歳にかけて80%以上の確率で妻を遺して死亡することがわかる．

ところで公的年金には遺族給付があるが，年金を受給できる遺族の範囲は，国民年金(基礎年金)と厚生年金で異なる点に注意が必要である．国民年金の遺族は，原則18歳未満の子どもか，子のある妻であるが，厚生年金は，子どもに限定されず，扶養されていた人が受給資格をもつ遺族となる．したがって，18歳未満の子ども等がいない場合，国民年金では遺族年金は給付されないが，厚生年金では加入者に扶養されていた者(主に妻)が遺族年金の受給をできる．

③障害となるリスク

事故や病気などで，年金制度が定める障害が発生し，生活や仕事をする能力が低下した場合，障害年金を受給できる．障害年金もまた，国民年金と厚生年金では，給付内容が異なる．障害基礎年金は，1級と2級があり，1級は2級の1.25倍の給付が支払われる．一方，障害厚生年金には1級，2級，3級がある．障害年金を受給する確率は年齢とともに高まり，女性より男性のリスクが高い傾向がある．

(b) 公的年金の抱える問題
―― 人口減少・高齢化によって年金制度はどうなるか

　年金財政の仕組みには積立方式と賦課方式の二つの方法がある．積立方式の年金は，国民が現役時代に支払った保険料を積み立てて，資産運用して，老後に取り崩すというものである．金融市場が十分機能していれば，人口構造の変動に対しても安定的に運営できるというメリットがある．この一方，急激なインフレなどの予期しない経済変動に対しての対応力が小さいことや，また四〇年間積み立てて初めて年金制度からの支給がスタートするため，給付を開始するまでに長期間を要し，当面は高齢者に対して年金給付できないという限界もある．

　一方，賦課方式の年金は，現役世代の支払った保険料がそのまま年金として高齢世代に支払われる仕組みで，現在の現役世代の年金は次世代の保険料でまかなわれることになる．賦課方式の年金は，年金制度が成立すれば，直ちにそのときの高齢者世代に対し給付をスタートでき，また，給付財源を現役世代が担うため，インフレ時には賃金も連動して上昇することから，インフレに対しても対応力があるというメリットもある．しかし，少子高齢化が進むと，保険料を支払う現役世代が減少するため，給付を削るか，保険料を上げる必要が出て，制度が不安定になるというデメリットもある．このため，高齢化社会では，賦課方式の年金から積立方式の年金に変更すべきであるという意見も出ている．しかし，すでに高齢世代に給付を約束しているため，その給付を保障しながら若い世代は自分自身の老後の年金を積み立てるという二重の負担が発生するために全面的な財政方式の切り替えは困難である．

人口減少・高齢化社会における年金改革

　賦課方式の年金額は，支払った年金保険料に利子が付いて老後に戻ってくるものではなく，支給される年金水準は，その時代の現役労働者の賃金に対して，どの程度の年金水準が望ましいか，負担とのバランスなどを考慮して政治が決めることになる．賦課方式の年金は，その時々の国全体の所得を若い世代と高齢者世代で分け合う仕組みである．賦課方式の下では生まれた世代によっては，

生涯の間支払った保険料よりも生涯の年金が多い場合もあれば，逆に受け取る年金額の方が支払った年金保険料よりも少なく場合もある．特に，今後，高齢化により労働者数が減少し，相対的に高齢者の数が多い期間が続くため，現在の 40 歳以下の世代は，生涯で支払った保険料の方が生涯で受給できる年金給付より大きくなる可能性もある．こうした世代間の負担と給付の不公平性を解消するために大幅な年金カットをすべきであるという意見もある[19]．

(c) 年金制度をどうするか

以上見てきたように，高齢化社会のなか年金制度の見直しは不可避であるが，現行の年金制度をどのように評価するか，その評価基準を明確にする必要がある．ここでは，①給付水準の妥当性，②制度の持続可能性，③社会・経済状況の変化に対する対応力，④世代間の公平感の確保をあげておこう．

①の給付水準の妥当性とは，年金給付水準がどの程度の生活費をカバーしているかということである．通常，その目安は，所得代替率が尺度になる．しかし，その定義(分子のモデルとなる年金や分母の現役世代の所得)や前提となるパラメーターの選択，制度などを考慮しなければならず難しいテーマである．OECD の報告書「年金国際比較一覧」(Pensions at a Glance: Public Policies across OECD Countries)は，各国の年金給付水準の厳密な国際比較を行っており，現在の日本の年金の所得代替率は，OECD の平均よりもやや低い水準である．ただし，2004 年の年金改革のマクロ経済スライドにより給付額がいっそう低下していくという点は考慮する必要がある．

次に②持続可能性については，各国とも年金が経済に占める割合を一定率に抑え，年金財政の安定性をはかるために，改革に着手し，拠出と給付の対応関係を強化する傾向にある．しかし，この結果，低い拠出しかできなかった人の年金は低くなるという問題が生まれる．これは，③の社会・経済状況の変化への対応にも関連するが，各国ともに非典型労働者が増加しており，彼らは，就労期間が短かったり，拠出が低いため，十分な年金が受けることができなくなる．そこで，いくつかの国では税を財源にした最低所得保障制度(Minimum

---

[19] 年金・介護・医療を通じた社会保障改革全体については駒村(2006)を参照せよ．

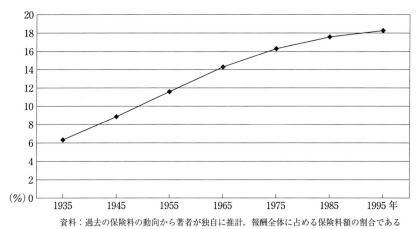

資料：過去の保険料の動向から著者が独自に推計．報酬全体に占める保険料額の割合である

図11 出生年別の生涯平均厚生年金保険料率

Benefits)を導入しつつある．年金総合研究センター編(2005)によると年金保険を補完するような形で，税を財源にした最低所得保障制度を導入している国は，イタリア，スウェーデン，スペイン，ポーランドといった国となっているが，ISSA(International Social Security Association)の報告書によると，このほかドイツ，ギリシャ，ラトビアといった国も年金制度という名前は使わないものの，高齢者向けの最低所得保障制度を導入している．

④の世代間の公平性については，制度の持続可能性に関わる問題である．現行の年金制度は賦課方式をとっている．このため，長寿化で年金の受給者が増え，少子化で年金の支え手が減少すると保険料が上昇することになる．このため，出生年すなわち世代によっては，負担に対する給付の倍率は異なることになり，若い世代ほどその倍率が下がってくる．このため世代間での公平性が確保されていない点を問題と考える見方もつよい．しかし実際の年金額の分布を見ると，現在の高齢者がそれほど多額の年金を受給しているわけではない．世代毎に負担・給付倍率に差がでる主要因は，図11の出生年別の生涯平均厚生年金保険料率が示すように，現在の高齢者が現役だったころに保険料が低く設定されていたからである．現在70歳代後半の人が20歳だった1950年代後半は，戦後経済復興期であり，高い保険料負担は現実的ではなかったことも考慮すべきであろう．仮にすべての世代で負担給付倍率を等しくするためには現在

の年金受給者に対する大幅な給付カットが必要になり,実現は困難であろう.一方,逆に高齢者の年金受給権を完全に保護すると,今後の少子高齢化のコストはすべて若い世代に移転され,若い世代の負担意欲を引き下げたり,就業意欲にマイナスの影響を与えることになる.完全な世代間の公平性の確保は困難であり,若い世代と高齢世代の利害はゼロサムゲームになるが,人口高齢化のリスクをなるべく多くの世代で分担する仕組みが不可欠である.

2004年年金改革

厚生年金は1942年,国民年金は1961年に成立した.現行制度の形になったのは1985年からである.公的年金制度は概ね5年に一度,将来人口推計の見直しに連動して改正が行われる.高度経済成長の時代は,経済成長と人口増加を背景に,給付引き上げが行われたが,1970年代半ばからの経済成長の鈍化,出生率の低下を受けて,財政の安定性を高めるために,給付抑制を続けている.これまでの給付抑制の手段は,①先に述べた乗率の引き下げなど,年金計算式そのものの変更,②スライド率の引き下げ,③支給開始年齢の引き上げなどの手法が,年金改革のたびに単体あるいは組み合わせて採用されてきた.しかし,こうした調整にもかかわらず,概ね5年間で平均2-2.5%の保険料の引き上げを続けてきた.そこで,政府は2004年の年金改革では,従来の一定の給付を確保するために保険料を引き上げ続けるという給付先決め方式をやめ,保険料を固定し,その財政収入のなかで可能な給付を行うという保険料固定方式に切り替えた.そして,物価スライドの一部を削減するマクロ経済スライドを採用し,高齢化の進展を給付カットで吸収することになった[20].政府は,今後,高齢化により際限なく保険料が上昇することがないことを示し,若い世代から信頼を勝ち取ろうとした.この結果,2004年時点の中位推計人口に基づく年金財政見通しでは,マクロ経済スライドを2023年ごろまで適用し,以降は停止でき,給付水準は50.2%を保証できるとした.しかし,実際には,少子高齢化は進んでおり,低位推計に基づけば,年金加入者数は2100年で中位推計の

---

[20] マクロ経済スライドとは,物価スライドを一部引き下げる方法である.例えば,物価上昇率が1%の場合,年金額も1%上昇するのが従来の仕組みであったが,2023年ごろまでは1%-0.9%=0.1%しか,年金額を引き上げない.このため年金の実質価値は毎年低下することになる.2023年ごろまでに実質年金額は今より累計15%低下することになる.

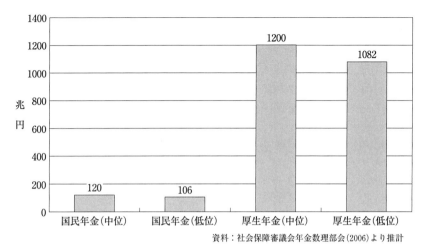

図12 2100年までの厚生年金・国民年金の将来保険料収入累計の見通し

予測よりも30%少なくなる．2004年の年金改革では，2100年までの有限均衡方式[21]という考えが採用され，2100年までの保険料収入総計と年金支出累計のバランスが取れていることが必要になっている．2005年の合計特殊出生率が，低位推計に近い状況が続くと，年金加入者数は減少し，将来の保険料収入総計が少なくなっていく．図12は，中位推計と低位推計で2100年までの保険料収入累計にどれだけ差が出るかを見たものであるが，国民年金，厚生年金ともに約10%の違いが出る．保険料収入が10%減少すれば，有限均衡方式のルールに従い，年金支出累計も10%削減する必要が出てくる．その具体的な手法はマクロ経済スライドの延長ということになる．

社会保障審議会年金数理部会(2006)によると，少子化進行ケース(低推計)においては，マクロ経済スライドは2031年まで継続され，厚生年金の給付水準は46%まで低下するとされている．累積の給付低下率は約22%で，中位推計よりも7%さらに低くなる．ただし2004年年金改革は，マクロ経済スライドの続行により，「次の財政見通しが作成されるまでの間に50%を下回ることが

---

[21] 2040年ごろから積立金を取り崩す見通しとなった．しかし，有限均衡方式を5年おきに繰り返して行けば，究極的には永久均衡方式とほぼ同じ結果になり，積立金の取り崩しは現実のものにはならない可能性もある．

予想される場合,給付及び負担のあり方について検討を行う」とされている.したがって,今後,制度の見直しを先延ばししたとしても,2020年前後には給付水準50%割れの可能性が高くなる.このとき,どのような制度の見直しが行われるかはそのときの政治情勢に左右されることになるが,有権者の高齢化が進むため,若い世代にとって不利な改革になる可能性が高い.年金制度が今後も給付カットというリスクを抱えていることになる.こうした給付水準の引き下げを回避するために可能な手段は,(1)経済成長を高めていくか,(2)現行の65歳から67歳への支給開始年齢の引き上げか,だけである.しかし,現在,60歳から65歳への支給開始年齢の引き上げの途上にあるため,ただちに支給開始年齢の引き上げは難しい状況にある.

就業構造の流動化と年金の空洞化

今日,パート,フリーターの増加により,国民年金の空洞化が問題とされ,その対応が急務とされている.空洞化の最大の原因は,就業構造の変化に厚生年金制度が対応できていないことにある.もともと若い世代ほど年金に関心がなく,さらに近視眼的な時間視野しかない人は,いまの生活や消費を過大評価し,将来の生活を過小評価する.このため,常に年金保険料負担を回避しようとする人は一定割合で存在する[22].サラリーマンが就業形態の中心だった時代は,給与天引きにより,保険料を支払わないという選択はあり得なかったが,90年代の就業形態の多様化,非典型労働者の増加のなかで,給与天引き型である国民年金2号被保険者(厚生年金加入者)が減少し,自発的な納付を求められる国民年金1号の被保険者が増加し,その一定割合が未納者になった.したがって,パート,派遣といった非典型労働者への厚生年金の適用拡大こそが,国民年金の空洞化を解決する方法である.しかし,ドイツやイタリアでも同様であるが,非典型労働者に対する被用者年金の適用は,企業・労働者双方がその適用逃れをするためにさらなる就業形態の変化を生む可能性があり,それを封じるためには究極的には就業形態に関わらずすべての国民が同一の年金に加入する年金の一元化の必要性が出てくる.現実には非典型労働者や自営業者も

---

[22] 駒村・山田(2007)参照.

含めた年金一元化については，事業主負担の増加や所得捕捉など課題が多いため，先に厚生年金と共済年金の被用者年金の一元化が進んでいる[23]．

年金情報をめぐる国民と政府のコミュニケーション

急速な高齢化のなかで，年金が持続可能であるのか，若い世代は年金がもらえないのではないかという年金制度そのものに関する不安がある．この原因は，(1)個々人の年金情報を個人と政府が共有していないこと，(2)年金改革の情報，制度の仕組みが国民に正確に伝わっていないこと，にある．

年金制度のコミュニケーションについては，スウェーデンなどはオレンジレターを発行し，すべての年金加入者に個人別の年金情報を提供し，制度に対する信頼感を高めている．2007年の参議院選挙の直前に，未統合の「宙に浮いた年金」が5000万件存在することが大きな問題になったが，日本においても政府が個別の加入記録を国民に通知し，政府と国民の年金コミュニケーションをとれるような仕組みを導入すべきである．

おわりに

人々は様々なリスクに直面し，貯蓄・私的保険といった自助努力，家族・地域内の助け合い，社会保険などを使って安心を確保しようとしている．そのうち本章では，社会保険の役割とその限界について論じてきた．本来，社会保障は，家計の老後の不安や健康不安を取り除き，家計の将来消費計画を安定化させる機能を持っているはずである．21世紀に入り，団塊の世代の引退を直前にして，集中的に社会保障改革が進められているが，年金・介護・医療といったように別々に行われ，社会保障制度全体を通じた整合性のある改革が行われているのか国民にとって不明確な部分も少なくない．家計は，各保険制度を別

---

[23] 平成18年4月の閣議決定「被用者年金制度の一元化等に関する基本方針について」は，(1)各共済年金の1・2階部分の保険料率を，平成30年に厚生年金保険の保険料率18.35％で統一する，(2)職域部分を廃止する，(3)各共済年金が保有している積立金については，厚生年金保険の積立金の水準に見合った額を仕分け，これを厚生年金保険の積立金とともに被用者年金制度の1・2階部分の共通財源に供する，(4)追加費用の見直し，を決定した．

々に考えているわけではなく，生活保障の仕組みとして一体にとらえている．社会保障制度自身が家計にとってリスク・不安の原因にならないよう，人口構造の変化に対応できる仕組みに切り替えるべきである．

　高齢化社会のなかで，医療・介護・年金のすべてを充実することは不可能である．医療・介護の充実を図り，年金の給付抑制や支給年齢の引き上げ，私的年金への優遇を行うようなサービス中心型の社会保障制度にするか，それとも年金水準を維持しながら，医療・介護の自己負担，保険範囲の縮小を行う公的年金中心型の社会保障制度にするか，国民の選択が求められている．

参 考 文 献

池上直己(2006)，『ベーシック医療問題』日本経済新聞社

今井博久(2005)，「小児科医師・産婦人科医師の過少偏在と周産期アウトカムの低水準との関連性」『ヘルスリサーチフォーラム 2005 年度』

岡本浩一(1992)，『リスク心理学入門――ヒューマン・エラーとリスク・イメージ』サイエンス社

厚生労働省(2006)，『厚生労働白書』ぎょうせい

駒村康平(2003)，『年金はどうなる――家族と雇用が変わる時代』岩波書店

駒村康平(2006)，「医療・介護・年金と最低生活保障――社会保障横断的な改革の視点」貝塚啓明・財務省財務総合政策研究所編著『年金を考える――持続可能な社会保障制度改革』中央経済社

駒村康平・山田篤裕(2007)，「年金制度への強制加入の根拠――国民年金の未納・非加入に関する実証分析」『会計検査研究』第 35 号

地主重美(1992)，「国民医療費と医療保険」社会保障研究所編『リーディングス日本の社会保障　医療』有斐閣

社会保障審議会年金数理部会(2006)，『平成 16 年財政再計算に基づく公的年金制度の財政検証』

SWIP プロジェクト・コンソーシアム(2006)，『平成 17 年度　サービス産業創出支援事業(事業化基本計画策定事業)健康づくり未実施層を取り込むためのウエルネス・インセンティブプログラム開発プロジェクト――SWIP (System for Wellness Incentive Program)プロジェクト――調査研究報告書』

永田宏(2007)，『販売員も知らない医療保険の確率』光文社

西村周三(2000)，『保険と年金の経済学』名古屋大学出版会

おわりに

年金総合研究センター編(2005)，「諸外国の年金制度とその改革の動向」『年金と経済』2005年10月号，Vol.24，No.3

広田すみれ・増田真也・坂上貴之編著(2002)，『心理学が描くリスクの世界——行動的意思決定入門』慶應義塾大学出版会

右谷亮次(1993)，『企業年金の歴史——失敗の軌跡』企業年金研究所

宮下和裕(2006)，『国民健康保険の創設と筑前〈宗像・鞍手〉の定礼——日本における医療扶助活動の源流を探る』自治体研究社

山崎泰彦・連合総合生活開発研究所編(2005)，『患者・国民のための医療改革』社会保険研究所

老人保健福祉法制研究会編(2003)，『高齢者の尊厳を支える介護』法研

G.エスピン‐アンデルセン著，岡沢憲芙・宮本太郎監訳(2001)，『福祉資本主義の三つの世界——比較福祉国家の理論と動態』ミネルヴァ書房

Getzen, Thomas E. and Bruce Allen(2007), Health Care Economics Publisher: John Wiley & Sons Inc Published

OECD(2005), Pensions at a Glance: Public Policies across OECD Countries, OECD, Paris

Levinsky, Richard and Roddy McKinnon Editors(2005), Toward Newfound Confidence, ISSA, Geneva

第2章
失業と労働災害──労働の二大リスクを考える

太田聰一

　人々は働くことで生計を立てているが，それと引き換えに失業と労働災害という二つの大きなリスクを引き受けざるを得ない．そこでこの章では，これらのリスクについて概観するとともに，リスクを抑制するための政策を議論する．まず，二つのリスクに直面しやすい労働者のタイプに共通性があることを述べる．総じてリスクを引き受けやすいのは，若年・高齢者や中小企業勤務者などである．その一方で，時系列的な推移は失業と労働災害で全く異なる．こうしたリスクに対しては，失業保険と労災保険という公的な保険が存在しており，被災労働者の救済が図られている．ただし，政府はより積極的に両リスクを制御する方策を遂行している．雇用維持や採用への助成措置や失業者への教育訓練，安全への法的規制などが例として挙げられる．若年を中心とした無業の問題や，企業内におけるリスクマネジメントの促進など，今後重視すべき研究課題についても論じる．

はじめに

　失業と労働災害は「働くこと」に付随するリスクのうちで最も深刻なものと言えよう．両者は，「働くこと」そのものを困難にする，という意味で共通している．失業は，仕事を探しているのに仕事が見つからない状態であり，それゆえに様々な問題を引き起こす．まず，勤労者は労働を通じて所得を得て，それで生活を成り立たせているのであるから，失業すると生活の目処が立たなく

なる.つまり,失業は所得の大幅な低下をもたらすことで,本人および家族の生活を脅かす.また,働くことは他者の役に立っているという自負や,働くことを通じて社会の他の部分と結びついているという実感を人々にもたらしている.ところが失業は,そうした仕事のもつ効用を人々から奪い去ってしまう.一方,労働災害は仕事が原因となって生じた傷病のことであるが,失業と同様に,人々の生活の糧,そして仕事を続けるという満足感を失わせる.

したがって,人生のなかで生じうる様々な問題の中でも,失業と労働災害はかなり重い位置を占めても不思議ではない.実際,ホームズ(T. H. Holmes)とレイ(R. H. Rahe)はライフイベントがもたらすストレスを順位づけたが,計43のライフイベントのうち,「怪我・病気」を6位,「解雇」を8位とした(Holmes and Rahe, 1967).もちろん,失業になる理由は解雇ばかりではないし,病気や怪我をするのは労働災害と限ったわけではない.しかし,この順位は失業と労働災害が人々にいかに深刻な影響をもたらしうるか,という点で示唆的である.だからこそ,雇用保険および労災保険という公的な保険によって被災者の救済が図られているのである.

失業と労働災害は運の悪い人が陥るまれな状況ではない.毎月の失業者数の平均は2006年段階で275万人であり,大阪市の人口の約260万人に匹敵している.また,日本の労働災害による死傷者数は年間約55万人で,休業4日以上の死傷者数に限っても12万人に達する(2005年).このことは,失業と労災のリスクは誰にでも降りかかりうるものであることを意味している.失業および労災のリスクの深刻さと広範さを考えれば,これら二つのリスクの制御が,人々の厚生水準を高める上できわめて重要であるということがわかる.

以後,失業および労働災害の問題を考察してゆくが,その前に労働市場の特徴について整理しておくことは有意義であろう.労働市場は,労働サービスを供給する労働者と労働サービスを需要する企業が取引を実施する場であり,その点では通常のモノやサービスの取引とそれほど異なることはない.ただし,実際の市場の動きは,通常のモノやサービスの場合とはかなり異なることが多い.その最大の理由は,労働者本人の行動によって労働サービスの質・量が大きく異なってくるからである.

こうした性質は,失業の問題に最も色濃く現れていると思われる.失業のひ

とつの考え方は，現在の賃金水準において労働サービスの供給が需要を上回っており，その部分が失業となるというものである．通常のモノやサービスの場合には，価格が低下することで，需要と供給のバランスが回復する．よって，労働市場の場合には賃金が下落することで需給バランスが回復する可能性がある．しかし，労働市場の場合にはそのようなスムーズな調整が生じるとは限らない．例えば，現に就業している人は賃金の低下を望まないので，彼らは団結して企業に対して賃金を下げないように交渉する可能性がある．そうした場合には，失業が存在しても賃金は下がらないかもしれない(賃金交渉仮説)．

あるいは，企業が賃金を低下させたときに，現に働いている人々が労働意欲を失ってしまう場合には，企業は賃金を切り下げることに躊躇することもありうる．社会心理学的に，労働者は企業から支払われる高賃金を企業からの「贈与」と捉える傾向があり，それに対する「返礼」として通常よりも高い努力で企業に報いようとするとされる．この場合，賃金の切り下げは労働サービスの質の低下に直結する．あるいは，賃金が切り下げられて失業給付と大差なくなると，労働者はまじめに働くよりもできる限り会社の目を盗んでサボろうとするかもしれない．それは，もしもそうした怠業が見つかって解雇されたとしても，賃金が低いことから「失うもの」が小さくなってしまうからである(効率賃金仮説)．

しかも，賃金の調整以外に，失業がなかなか解消しないケースが考えられる．例えば，これまで労働者が身に着けてきたスキルが陳腐化してしまい，失業者の保持しているスキルと企業の求めるスキルが一致しなくなった場合には，企業は失業者の採用に踏み切れないかもしれない．このようなケースでは，財やサービスそのものが市場から淘汰されてしまうのが普通であるが，労働者の場合にはそのようなことは少ない．むしろ，人々は何とか新しい状況に適応して市場に残ろうとする．他の例としては，失業しても失業手当が受給できると考えて，比較的安易に失業状態に陥ったり，失業状態から脱出するための仕事探しの努力を低下させたりする可能性もある．

事情は，労働災害についても大きくは変わらない．労働災害の発生は科学的にかなりの程度制御できるものである．また，様々な安全に対する規制が有効に機能することも多い．しかしながら，企業や労働者がそうした規制に従うだ

けではなくて，それぞれが災害の発生に十分留意してこそ，労働災害の増加を抑制できるという側面がある．

こうしたことを考えれば，失業や労働災害はたしかに労働者にとって大きなリスクであるが，各主体の行動によってそのリスクの程度は変化しうるし，リスクを制御しようとする政府も，企業や労働者の行動が政策の遂行によってどのように変化するかについて十分に考慮する必要があることが理解されよう．

本章では，こうしたことを踏まえた上で，失業と労働災害のリスクについて基本的と思われる事項を論じていく．第Ⅰ節においては，失業・労災リスクの現状と動きを描写する．第Ⅱ節では，両リスクを抑制するための政策的な対応および失業(雇用)・労災保険の機能について論述する．第Ⅲ節はまとめに当てられる．

Ⅰ 失業と労働災害のリスク

(a) リスクの指標に何を使うか

最初に，失業と労働災害のリスクの性質を見ておこう．そのためには，両者を測定する指標が必要となる．そこで本章では，失業リスクを代表する指標として完全失業率に注目する．失業率(完全失業率)とは，労働力人口(就業者数と完全失業者数の合計)に占める完全失業者数の割合のことで「完全失業者」とは，①仕事がなくて調査週間中に少しも仕事をしなかった，②仕事があればすぐ就くことができる，③調査期間中に，仕事を探す活動や事業を始める準備をしていた(過去の求職活動の結果を待っている場合を含む)，の3つの条件を満たした者を言う．

厳密さを尊ぶ人にとっては失業率を失業リスクの程度ととらえることに抵抗感を感じるかもしれない．第1に，就業者にとって仕事を失う可能性の高さは，失業率では測定できないという考え方もある．「失業リスク」という場合の一般的なイメージは，就業している人がどれだけ失職のリスクを経験しているかであろう．その場合には，「人々が就業状態から失業状態へ流入する頻度」の方が適切な指標となろう．たしかにこのような指標は存在する．しかしながら，

この指標を用いてしまうと,「人々がどれだけの期間,失業状態に滞留せざるを得なかったか」という側面を見過ごしてしまう.つまり,失業への流入頻度はとらえることはできても,失業からの流出頻度まではとらえることができなくなる.その点,失業率の場合は,流入頻度と流出頻度の双方を含めた指標となっている.例えば,失業への流入頻度は一定にしておいて,流出頻度を半分にすれば,失業期間は2倍になり,失業率も2倍となる.他方,失業からの流出頻度を一定にして,失業への流入頻度を2倍にすると,やはり失業率は2倍となる.実は,失業率は「流入頻度÷流出頻度」という比率によって定まると考えてもよい.この点で,失業率は失業の頻度(量)と失業の深刻さ(質)の両方をとらえたものであると解釈してもよいだろう.

第2に,失業率が高まる場合は,解雇等といった労働者にとって「意図せざる」雇用関係の解消が影響を及ぼすことはあるが,新規学卒者の採用難による失業や,ステップアップのための仕事探し期間としての失業も含まれてしまう.このように失業率には雑多なものが含まれているので,それを用いるのは適切ではない,という見解もありうる.この点はたしかに問題ではあるが,いくつかの留保を念頭においておけば問題はそれほど深刻ではないと考える.

まず,新規学卒者などが含まれても,失業率を「社会全体の失業のリスク」を代理する指標ととらえれば,そう大きな問題は生じない.また,解雇や企業倒産によって失職の生じる確率は失業率と相関が比較的強く,そのことは失業率が「意図せざる」雇用関係の消失の代理指標足りうることを意味している.よって,本章では失業率を中心に失業リスクの状況を観察する.

労働災害のリスクについては,主に労働災害の「強度率」に注目することにしたい.強度率とは,延労働損失日数÷延実労働時間数に1000を掛け合わせたものと定義される.簡単に言えば,総労働時間のうちで労働災害によって生じた損失の大きさを測定しようとする.延労働損失日数の計算においては,「死亡」と「永久全労働不能」の場合には7500日,「永久一部労働不能」,「一時労働不能」の場合にはそれぞれの障害の程度に応じて日数が積算されることになっている.これも失業率と同様に,「頻度」と「深刻さ」の両方を視野に入れた指標といえる.ちなみに,頻度に特化した指標としては,労働災害の「度数率」というものがある.

(b) 誰のリスクが高いか

失業と労働災害のリスクについて，最初におさえておくべきポイントは，すべての人に同じ程度のリスクが発生するわけでない，という点である．物事に対する注意深さといった，個人の固有の性格によってリスクの程度が変わってくるだけではなくて，年齢や勤務先の業種や規模などによっても降りかかるリスクは違ってくる．そこで，これらの属性別のリスクを調べておくことにする．

まず，年齢についてであるが，図1には40歳代の失業率および労災発生率（頻度）を100としたときの各年齢階級の値が示されている．興味深いことに，両者は40歳代のリスクが最も低いという共通した性質をもっている．つまり，失業も労働災害も若年層と高年層で高くなっており，とくに，若年層の高さが際立つ形になっている．失業については，若年層は自分に合った仕事を見つける時期であり，試行錯誤の仕事探しのプロセスの中で失業を経験する人が多くなる．若年の労働災害については，仕事に慣れていないということ，若さゆえに慎重さに欠けるということが要因となっているものと思われる．他方，高年層の失業リスクの高さは，定年年齢到達による仕事探しが主因であり，労災では年齢による体力・判断力の低下が災害発生率を高めている．

次に，勤務先の規模による失業・労災リスクを見てみよう．先に，失業のリスクの指標として失業率を考察するとしたが，残念ながら厳密には「企業規模別の失業率」というものは存在しない．というのも，就業者には「大企業の就業者」，「中小企業の就業者」という区分があるが，失業者には「大企業の失業者」，「中小企業の失業者」という区分はありえないからである．ただし，「失業者のうち前職で大企業に勤務していた者」，「失業者のうち前職で中小企業に勤務していた者」といった区分ならば可能である．そこで以下ではこれらを規模別失業者と考えて，企業規模別失業率を表す指標をつくる．他方，労働災害については，企業規模別の強度率がデータとして利用可能である．

図2に，企業規模別失業率および労災強度率が示されている．これらの図から明確にわかるのは，失業・労災ともに，企業規模が大きくなるにつれてリスクの程度が低下するということである．従業員数30-99人の小企業と比較すると，1000人以上の大企業では失業と労働災害のリスクは6割前後まで低下する．

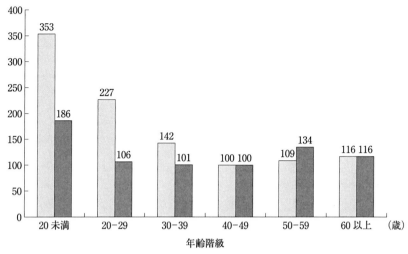

図1 年齢階級別失業率・労災発生率(40歳代=100)

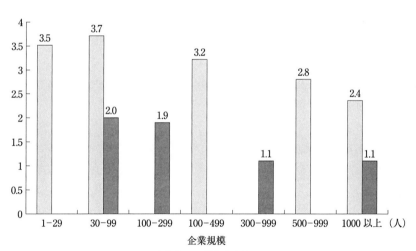

図2 企業規模別失業率・労災強度率

第2章　失業と労働災害

　これらは労働条件面での規模間格差と言うべきものである．規模が大きい企業に勤める労働者は，年齢，勤続年数，学歴などが似通っている規模の小さい企業に勤める労働者よりも高い賃金を得ていることが多い．図2は，そのような賃金面の格差に加えて，仕事の安定性および安全性の面でも格差が生じていることを示すものである．

　このような規模による違いは，オイ（W. Oi）とイドソン（T. Idson）による「生産性格差仮説」で説明可能であろう（Idson and Oi, 1999）．簡単に説明すると以下のようになる．例えば，製造業を想起しよう．大企業は機械設備などの物的資本で中小企業を凌駕していることが多い．ところで，高度な機械設備を有効に活用するためには，スキルレベルの高い労働者が必要となる．よって，大企業は高いスキルの労働者に対して高い賃金を提示することで，彼らの採用と定着を図ろうとする．したがって，資本量や技術水準の差異が大企業と中小企業の賃金格差の源泉となりうる．

　しかも，高度な技術を保有している大企業は，倒産確率が中小企業よりも低くなる．そうなれば，OJTを機軸とした訓練によって技術習得の機会を労働者に与えて長期的な育成を図るメリットが大企業部門で大きくなる．このような傾向がさらに生産性の向上を大企業部門にもたらす．そうした大企業では，一時的な生産変動による雇用リスクは企業が吸収することになるので，失業リスクは小さくなる．また，安全な設備を導入することで，高度なスキルを体化した労働者を維持することが大きなメリットを生み出す．そのために労災リスクも低下する．

　産業によっても失業と労働災害のリスクは異なる．規模別失業率の導出と同様の手法で産業別失業率を算出して比較すると，建設業，飲食店・宿泊業，サービス業（他に分類されないもの）などで，失業率が比較的高くなっている．その反面，金融・保険業，教育・学習支援業などでは失業率が低い傾向がある．労働災害については，建設業，運輸業などで強度率が高い．学歴別では，大卒の方が高卒よりも失業リスクが低い．現業系の仕事で労働災害がより多く発生していることを考えると，労災でも学歴間の格差が存在すると考えて間違いはないだろう．

　このように，人々が直面する失業と労働災害のリスクは人々の属性によって

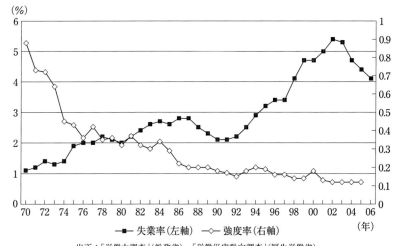

出所:「労働力調査」(総務省),「労働災害動向調査」(厚生労働省)
注:92年以降の強度率は,それ以前と調査対象産業がやや異なる.

図3 完全失業率および労災強度率(事業所規模100人以上)の推移

大きく異なっている.若年者や高齢者,中小・零細企業に勤務している人々,学歴が低い人々などは,労働の二大リスクにより強くさらされている.つまり,賃金が低いグループの人々は,低賃金に加えて失業・労災のリスクをより多く背負っているという現状がある.二大リスクを制御していくことは,格差の縮小という観点からもきわめて重要な政策的意義をもつのである.

(c) 時間を通じた動き

図3は,1970年から2006年までの完全失業率および労働災害強度率の動きを見たものである.この図から,2つの変数は著しく異なった動きをしていることがわかる.まず,失業率は長期的な上昇傾向が顕著である.1970年には1.1%に過ぎなかった失業率は,景気による変動を示しながらも徐々に上昇し,とくに1990年代後半にそのスピードを加速させ,2002年には5.4%に達した.その後,最近は好景気を反映して下落傾向にあるが,依然として4%台の高水準にある.

逆に,労働災害の強度率は,変動を経験しつつも長期的な低下傾向にある.1970年代前半に強度率は大きな低下を経験し,1970年に0.88だった強度率は

わずか6年後の1976年には0.36に低下した．その後も徐々に値を低下させていき，最近では0.12という低い水準に張り付いている．この動きは失業率とは対照的であり，日本の労働市場は労災リスクの制御に成功したが，失業リスクのコントロールに失敗したと言うことができるだろう．仕事環境が心と身体にもたらす悪影響は改善しても，仕事に就くこと自体に困難を見出す人々が増えたのはアイロニカルである．

労働災害が抑制されていった最大の理由は，産業構造の変化によって鉱業などのリスクの高い産業のウェイトが低下する一方，サービス業を代表とする労働災害リスクの低い新しい産業がシェアを高めていったことにある．それに加えて，安全性に優れた設備の登場や，労災撲滅へ向けての国民全体の努力が実を結んだことが大きいものと考えられる．その一方で，近年では労働災害に遭遇しやすい高齢就業者の比率が高まっており，それがなければ最近の労働災害発生率はさらなる低下を見せていたであろうとする分析もある（太田，2001b）．

他方，1990年代から比較的最近にかけての失業率の高まりについては，様々な見方が提示されている．失業率が高まったのは，失業への流入の増加あるいは流出の減少の少なくとも一方が生じたためである．よって以下では，失業への流入の増加要因と失業からの流出の減少要因に分けて整理したい（詳細は太田，2005を参照されたい）．

最初に失業流入の増大をもたらした諸要因について述べる．第1に，長期不況によって新卒者に対する労働需要が大きく低迷し，新卒無業者が増加して，若年失業率が高まった．若年失業率の上昇は，当然ながら全体の失業率の上昇をもたらす．一時的な不況であったならば，企業は将来の戦力維持のために若年正社員の採用を続けた公算が大きい．長期的な不況であったからこそ，長期育成が必要な若年正社員への需要が大きく減少したと言えるだろう．

第2に，その一方で非正社員が急増し，とくに若年層のフリーターが社会問題となった．フリーターなどの非正社員は離職率が高く，そのプロセスにおいて失業状態に陥りやすい．そのため，非正社員の増大は，失業率の上昇要因となる．非正社員は雇用期間が定められているために，雇用期間の定めのない正社員に比べて人数調整の対象とされやすい．したがって，長期的に雇用を維持する自信はないが，とりあえず社員を必要とする企業にとって格好の労働力と

なった.また,正社員に比べて賃金コストが安く,人件費抑制にとって好都合であった.このような「非正社員化」が失業率を高めた公算は大きい.それに関連して,正社員の離職率の高い第3次産業のウェイトが高まったことや,若年正社員の離職性向が上昇したことも,失業への流入を促進する要因となった.

第3に,企業倒産や解雇による失業への流入が増加した.とりわけ,雇用保障をこれまで重視してきた日本企業がいわゆる「リストラ」を大規模に実施したことが,大きな影響をもたらした.従来の日本企業は,このようなハードな雇用調整の代わりに「出向」による企業グループ内での人材確保を積極的に行ってきた.ところが,受け入れ先となる中小企業の業績悪化や系列関係の弱体化などの理由によって,出向が1990年代に頭打ちになり,それにつれてリストラが増大してしまった.

失業からの流出の減少に議論を移そう.最も深刻な影響をもたらしたのは,企業が全般的に中途採用を抑制し,失業者が仕事を見つけにくくなったことである.とりわけ,従来は「雇用の受け皿」としての機能を果たしてきた建設業や中小企業で採用が低迷したことが,失業者の就職を著しく困難にした.その背後には,財政難による公共事業の削減や金融機関のクレジットクランチといった新しい事態が影響したとされる.それに加えて,失業者の行動そのものにも変化が生じた.例えば,従来であれば既婚女性の失業者は求職活動をあきらめて,専業主婦など非労働力化することが多かった.しかし,最近では,このような「求職意欲喪失効果」は後退して,女性が労働市場に定着するようになり,それが失業率を高める要因となった面も否定できない.

上記で述べた以外にも,労働力の年齢構成の変化,技術革新,人々の失業への感じ方の変化,さらには各種の制度的要因なども,失業リスクを高めた候補として考えられる.

II リスクに対処する

失業と労働災害のリスクに対処するには,大きく分けて二つの考え方がある.ひとつは,リスクそのものの発生および影響を小さくすることであり,もうひ

とつは，事態が生じてしまったときに生活のダメージを緩和するように保険をかけることである．以下では，失業と労働災害のリスクに対してどのような対応が行われてきたのかについて，簡単にまとめたい．もちろん，すべての政策を網羅することは不可能であるし，本章の趣旨から逸脱するだろう．ここでは鍵となるいくつかの政策について触れるにとどめる．

(a) 失業リスクの抑制

失業そのものの発生を抑制するには様々な方法がありうる．ただし，多くの政策は固有の「副作用」を持っており，政策の適用に際しては十分な注意が必要である．

第1の政策的対応としては，財政・金融政策による景気浮揚がある．金融政策による設備投資の増加や財政政策による政府支出の増大は，経済における有効需要の水準を引き上げることを通じて，景気を刺激し，雇用の拡大を促す．積極的な財政政策の留意点としては，金利の上昇によって民間投資をクラウド・アウトする可能性があること，為替レートの増価がもたらされること，政府の財政状況を悪化させることなどがある．拡張的金融政策の留意点は，インフレに結びつきやすいことや「流動性のわな」の状況下では効果が薄いことなどが挙げられよう．さらに，これらのマクロ経済政策は，失業増大の要因が景気後退による需要の落ち込みではなく，労働市場の構造的な変化によってもたらされている場合には適切な政策とは言えなくなる．

第2の政策的対応は，企業による雇用維持努力を促進させることである．不況期には企業は生産を抑制し，それに応じて労働者数を減少させようとする．そのために解雇や雇い止めが頻発するが，それが失業へと直結する問題がある．そこで，不況業種において解雇を踏みとどまったが休業や出向を行わざるを得なかった企業に対して，助成金を支給するという政策が行われている（雇用調整助成金）．ただし，このような支出を行うことで，結果的に労働者の新しい業種への移動を阻害する側面があることには留意しておく必要がある．

第3の政策的対応は，企業による採用を活発化させるために，労働者を多く採用した場合に，企業に助成金を支給することである．とりわけ，雇用機会が少ない地域において採用を行う企業や，高齢者や障害者などの就職に際して不

利な人々を採用する企業に対して，賃金の一部を公的に負担する形が主流である．このような助成金は企業の採用を刺激する反面，助成金がなくても採用を行おうとしていた企業が，「せっかく助成金があるから」という理由で助成金を申請するというモラル・ハザードが生じやすくなる．また，特定のタイプの人々の採用に助成金を支給する場合には，別のタイプの人々の採用を代わりに抑制する可能性が存在するので，注意が必要である．

第4の政策的対応は，労働者の能力を高めることで採用を容易にすることである．職業訓練によって労働者が高い能力を備えるようになれば，企業としては訓練のコストの節約になる．実際，失業者に対する職業訓練はハローワークなどを通じて数多く実施されている．ただし，訓練の効果を確保するためには，教育内容や訓練期間が再就職のために十分なものであるか，個々の失業者のニーズに合った教育体制ができているかどうか，といった側面に十分留意すべきである．

最後に，ワークシェアリングについて触れておきたい．ワークシェアリングには，様々な形態があるが，最も端的なものは法定労働時間を短縮することで雇用人数を増加させようとするもので，フランスやドイツで実際に取り組まれた．たしかに，1日8時間労働，人数は70人でやっていた仕事を1日7時間労働に短縮すると，人数は合計で80人いないと延労働時間(1日560時間)は確保できない．したがって，1日8時間から7時間への時間短縮は10人の雇用を増やすように思われる．ただしいくつかの点で注意が求められる．まず，労働時間ではなく人数にかかる費用(訓練費用，制服代，通勤手当など)のウェイトが高いと，企業は人数を増やすことに躊躇する可能性がある．また，時間が減った分は支給賃金も減少しないとかえって企業にとってコスト高になり，企業は採用を抑制してしまう．事実，ドイツでは時間が短くなった労働者がフルタイムの賃金支給を使用者側に要求したことから，ワークシェアリングは失敗に終わった(Hunt, 1999)．失業克服の切り札としてワークシェアリングは期待されることが多い政策だが，このような側面について慎重に配慮していくべきであろう．

(b) 労災リスクの抑制

　労災リスクを抑制するに際しては，失業リスクほど様々な「副作用」に気を配る必要はない．なぜならば，失業とは異なり，労働災害の場合には適切な安全衛生規制を行うことで，かなりの程度災害の発生を抑止することができるためである．

　この点は失業リスクと労災リスクの本質的な差異につながるので，寄り道して考察を加えた方が望ましい．すなわち，「なぜ労災リスクとは違って失業リスクに徹底的な規制を行うことで対応できないのであろうか」という問である．もちろん，失業に結びつく行為，例えば「解雇」については，「労働基準法」において「解雇は客観的に合理的な理由を欠き，社会通念上相当であると認められない場合は，その権利を濫用したものとして，無効とする」と規定しており，失業について規制がないわけではない．それでも，労災に比べて圧倒的に規制の比重は小さいことは間違いない．これはどうしてであろうか．

　私見では，労災リスクはそれぞれの仕事のもつ性質に，失業リスクは仕事そのものの存立にそれぞれ関連しており，そこから政策的な対応のスタンスの相違が生じていると考えている．個々の仕事自体は移ろいやすいものであり，時代によって生まれたり，消えたりする．むしろ，このような仕事の浮き沈みこそが，経済のダイナミズムを支えているという側面がある．ただし，どんな仕事に人々が就こうとも，それぞれの仕事では最低限の安全が確保されていなければならない．そうした考え方が，労災におけるリスク規制の根源にあるように思われる．

　さて，労災におけるリスク規制は，基本的に「労働安全衛生法」に反映されていくが，細かな部分については「労働安全衛生法施行令」によって規定される．さらに，実際の仕様等は「労働安全衛生規則」で決められる．労働安全衛生法により，企業は適切な安全衛生管理体制を実現することで，労働災害を抑制し，快適な職場環境を作り上げていく義務を負う．

　実際に適切な安全衛生への対応がとられているかどうかは，労働基準監督署による「臨検監督(臨検)」などによってチェックされる．「臨検」とは，労働基準監督官が企業に実際に立ち入って，「労働基準法」あるいは「労働安全衛

生法」に対する違反がないかどうか調査することであり，定期的に実施されるもの，災害時に実施されるもの，労働者の告発によるものなど，様々な機会に行われる．法令違反に対しては是正勧告が行われるが，再三の指導でも是正されない場合には送検処分が行われる．

このような法によるリスク抑制だけでなく，政府は労働者の健康対策のために産業保健推進センターを通じて産業保健関係者への相談や研修を行ったり，職場における自主的な安全対策のための啓蒙活動を行ったりすることで，一層の労災リスク抑制を図っている．

(c) 雇 用 保 険

雇用保険制度は，企業および現に雇われている労働者が雇用保険料を拠出し，その保険料を失業者に給付することで，失業に伴う所得下落を緩和するための保険制度である．現行の制度を簡単に説明すると以下のようになる．

この保険の受給資格があるのは，基本的に6カ月以上雇用保険に加入している労働者である．加入者は，一般の従業員のみならず，1週間の所定労働時間が20時間以上で，1年以上雇用される見込みのパートタイマーやアルバイトも含まれる．

雇用保険料は，被保険者の賃金総額の一定割合として定められており，現行では企業側は9/1000，労働者は6/1000の保険料率で，両者を合わせた保険料率は15/1000である(1.5％)．ただし，「農林水産・清酒製造の事業」および「建設の事業」の場合には保険料率はやや高い．

失業した場合の給付は，原則として離職した日の直前の6カ月に毎月きまって支払われた賃金(残業代含む，賞与は除く)の合計を180で割って算出した金額のおよそ50-80％と決まっている(60歳未満)．給付期間は，離職理由，年齢，雇用保険加入期間によって変わる．基本的には，自己都合や定年よりも解雇や倒産などの予期できない理由による失業である方が，また生計費がかかる年齢であるほど，そして保険加入期間が長いほど，給付期間も長くなる．最長は，会社都合(倒産，人員整理，リストラ)等により離職を余儀なくされた45歳以上60歳未満の労働者で，雇用保険期間が20年以上の労働者の330日である．

第 2 章　失業と労働災害

　失業給付が，労働者の所得低下リスクを緩和することに重要な役割を果たしているのは間違いない．ただし，その制度設計については様々な論点がありうる．なかでも，これまで最も議論がなされてきたのは，失業給付があるために失業者が就職努力を控えてしまうという，モラル・ハザード問題であった．よって，所得低下リスクの回避という失業給付のポジティブな側面と，求職意欲の抑制というネガティブな側面をどのようにバランスをとるかについて，理論的・実証的な議論がなされてきた(理論的分析としては Shavell and Weiss, 1979 など)．

　モラル・ハザードの問題が現実に無視し得ないとすると，その解決策のひとつは失業給付を求職期間とともに減少させていくことである．日本でも，失業給付期間に制限を設けているが，これは無制限の給付期間が失業者の求職意欲を喪失させるという問題への対処であると考えられる．また，離職理由に応じて給付期間を変更するという現行の制度は，失業給付が付与されるから安易に失業を選ぶという就業者によるモラル・ハザードへの対処にもなっている．

　モラル・ハザードに関するもうひとつの論点は，待機期間をどのように考えるかということである．現行制度では，定年退職や会社倒産など「正当事由」によって失業した場合は，手続き後 7 日間の待機期間を経て失業給付は支給されることになっている．また，自己の都合や，自己の責任による重大な理由により解雇された時は，待機期間に引き続き 3 カ月間の給付制限があった後に支給される．こうした制度も，安易に失業給付に依存することを抑止するためのものと考えることができる．また，失業者がある程度の貯金を持っている場合には，短期的にはそれを取り崩して対応することが可能であることから，待機期間はそれほどの生活上の困難をもたらさないものと考えられる．以上のように，雇用保険の制度は，所得低下リスクの回避とモラル・ハザード抑制のバランスの上に成り立っているのである．雇用保険の存在自体が失業を増大させるメカニズムを持っているとするならば，失業対策という観点からは，雇用保険をきちんと整備すると同時に失業リスクそのものを低下させるような努力が必要であることを意味する．このような政策手段の組み合わせは，後述の労災保険でも当てはまることである．

　付言しておくと，雇用保険の役割は所得低下リスクへの対応に限られたもの

ではないかもしれない．仮に雇用保険が存在しないケースを考えてみよう．労働者が所得低下リスクを回避しようという気持ちが強ければ，失業のリスクこそ低いけれども，賃金もかなり低い求人案件を持った企業ばかりが労働市場に参入してくる．労働者側からみて失業リスクの低いことは，企業側からみて採用リスクが高いことを意味するので，そうした企業はリスクを抑制するために仕事の質の向上にはお金をかけないかもしれない．こういう状況で失業給付が導入されて，仕事を発見できなかったときに給付が受けられるようになったとしよう．失業者は，雇用保険がない場合よりも，失業リスクはやや高くても賃金の高い仕事を得ようとするので，企業の採用リスクは低下し，仕事の質を向上させるための企業による投資が活発化し，経済全体の生産効率が高まる可能性が発生する．こうした場合には，雇用保険はより積極的な役割を果たすようになるのである (Acemoglu and Shimer, 1999)．

(d) 労災保険

労働災害に遭ったと認定された労働者は，労災保険の給付を受けることができる．例えば，労働者が療養のために休業する場合には，療養補償給付として療養費の全額が支給される上に，休業補償給付として休業1日につき給付基礎日額の60%が給付される．さらに障害が残った場合には障害補償年金・一時金が，介護を要する場合には介護補償給付が，死亡した場合には葬祭料に加えて遺族補償給付と呼ばれる年金が支給される．

労災保険制度は，必ずしも一般になじみ深いものではないので，その沿革について若干記述しておこう．労災保険法は，使用者を加入者とし政府を保険者とする強制保険制度によって，災害補償の迅速かつ公正な実施を行うために，1947年に労働基準法と同時に制定された．それ以前においては，業務上の災害に対する保険制度は健康保険，厚生年金保険および労働者災害扶助責任保険に分属されており，かつ適用範囲や扶助の水準の面で満足のいくものではなかった．1947年に労災保険法が登場したことによって，ようやく業務災害に対する統一的な保険制度が確立したことになる．

労働基準法には，個々の使用者が業務上の災害について補償を行うことが定められているが，二つの面で限界がある．第1に，たとえ業務上の災害と認定

されても，使用者に補償能力がない場合には被災者への補償が確保できなくなってしまうこと，第2に，補償の内容が労働条件の最低基準として，個々の使用者の補償能力を勘案して必ずしも高い水準で定められていないことである．労災保険法は，このような労働基準法の災害補償の限界を補うという役割を期待されたことから，労働基準法と同様に使用者の災害補償についての無過失責任を前提とし，保険料は全額使用者負担とされた．したがって，労災保険の給付がなされる場合には，使用者は労働基準法上の災害補償の責任を免れることになる．

このように当初，労災保険は使用者の災害補償責任の責任保険としての機能が期待されていたことから，その補償については労働基準法上の災害補償と同一内容・同一水準であった．しかし，1960年以降の数次にわたる改正によって，労災保険は次第に労働基準法から乖離してゆき，いわゆる「労災保険のひとり歩き」といわれるように独自性を強めていった．すなわち，適用範囲が大幅に拡大されるとともに，給付面でも年金制度の導入，スライド制の採用，年齢階層別の最低限度額，最高限度額の導入(給付基礎日額について)，介護補償給付・介護給付の導入など，内容および水準において他の先進諸国と比肩するレベルに到達している．よって，現在では労災保険が労災補償の中心的な役割を果たすようになったのである．

先に述べたように，労災保険の保険料は全額使用者(企業)負担となっている．その点で，労使折半である雇用保険や，年金や医療といった社会保険とは一線を画している．保険料率は産業ごとに細かく定められている．現在時点における最高の料率は，「水力発電施設，ずい道等新設事業」に対する118/1000であり，最低の料率は「その他の各種事業」などに適用されている4.5/1000である．このような料率の違いは労災発生率の違いを反映している．つまり，保険の原則に従って，リスクに応じた保険料が徴収されていることになる．なお，労災保険特有の制度として，いわゆる「メリット制」というものがある．これは，同じ業種に属していても用いている機械や労災防止努力などが企業によって異なることを考慮して，より多く労災を発生させた企業からはより高い保険料を徴収しようとするものである．このひとつの狙いは，企業の防災努力を促進することにある．

労災保険が全額企業負担であることから，労働者は企業による「恩恵」を受けるのみで労災の費用負担はしていないような印象を受けがちであるが，それは経済学的には成立しない考え方である．というのも，企業は労災保険の料率分を企業の製品価格に上乗せしたり，労働者に支給する賃金をその分だけ抑えたりすることが可能だからである．結局，労働者は労災保険料分だけ高い製品を購入したり，その分賃金の低下に直面したりするのであるから，実質的に労働者が保険料の一部を負担することになる．その意味で，労災保険も労働者相互の保険という性質を有していることを忘れるべきではないだろう．

　労災保険の給付については，その寛大さがしばしば話題になる．太田(2001a)で例を出したが，働き盛りのサラリーマンが妻子を残して死亡した場合，それが労働災害として認定された場合と，労働災害でないとされて健康保険が適用された場合とでは，給付が2倍くらい違ってくる．こうした労働災害への手厚い保障は，労災保険の建前が，危険な仕事に労働者を従事させた企業による補償という側面があることを考えれば理解できないわけではない．しかし労災保険料率は実質的に労働者が負担している部分が大きい上に，同じ災害であっても労災であるかどうかで給付が大きく変わってくるので，ときには被災者に不公平感を抱かせる原因となっている．

　なお，労災保険の経済学的な位置づけであるが，労災リスクをシェアするような仕組みは，経済に二つの好ましい影響を与える．第1に，リスクを分散させることにより，労働者の経済厚生水準が改善する．労働者が被災した場合には多大なダメージを被るが，保険がない状態ではそのリスクに対処できない．比較的少額の保険料によって，そのリスクに対して補償が行われるならば，保険の存在は社会にとって望ましい働きをもたらす．このような社会的な望ましさは，雇用保険にも共通して当てはまるものである．

　第2に，社会的に有用な生産活動を行っているものの，技術上の理由から業務の遂行にリスクが伴うような事業に対して，労働者の参加を促すということがある．これは労災保険特有の性質であるので，少し説明を加えておきたい．

　事業には様々な種類があり，それらが生み出す製品・サービスは千差万別であるが，こと労働者側から見れば，賃金水準およびそれ以外の仕事の属性が重要となる．ここで仕事の属性とは，労働時間，仕事の社会的評価，空調設備の

有無などの仕事環境，仕事の危険度，職場の人間関係など，仕事の満足度に差異をもたらすあらゆるものを総称している．ここでは，議論を単純化するために，仕事の属性のうち災害に遭遇する確率だけを取り出して考える．すなわち，労働者側から見れば，各仕事で賃金と災害遭遇確率(以下，危険度とよぶ)の組み合わせが異なる状況を想定する．ここで，同じ賃金で危険度が異なる二つの仕事があり，双方があたらしい労働者を求めているとしよう．この場合，労働者はより危険度の低い仕事の方を好むので，長期的には危険度の高い仕事は市場から淘汰されてしまう．淘汰されずに残る仕事があるとすれば，危険度は同じように高いが，同時に高い賃金水準を提示するような事業であろう．すなわち市場には，賃金は安いが危険度が低い事業と，賃金は高いものの危険度も高い事業が併存することになる．

　他方，労働者も災害を受けた場合のダメージについての評価は各々異なっている．前述のように，市場で提示される賃金とリスクには正の関係があるので，労働者が高い賃金を得ようとすれば，高いリスクを甘受する必要が生じる．結局，危険度の高い仕事には，安全よりも賃金を重視するような労働者が応募し，危険度の低い仕事には，逆に賃金よりも安全を重視するような労働者が応募することになる．また，労働者がどれだけ労働市場で評価される能力を身に付けているかによって，危険に対する選好は異なるであろう．この場合，高い能力の労働者はリスクの高い職場を敬遠し，低い能力の労働者は他に生活の選択肢がないゆえに，リスクの高い仕事に就くことで高賃金を得ようとするだろう．このように労働者の危険に対する態度がまちまちであることから，危険度の異なるそれぞれの事業はそれにふさわしい労働者を見つけることができる．このような議論は「補償賃金格差の理論」と呼称される．

　このような市場に新たに労災保険が導入されたとしよう．すなわち，労働者が業務上の災害に遭遇した場合には所得が補償されるようになったとする．この場合，労災時のダメージが軽減されることから，各労働者は労災保険導入以前よりもリスクが高く，高賃金の事業に応募しようとする．その結果，労働者が獲得する総所得は，保険導入以前よりも増加することになる．よって，労災保険は労働者の職業選択を通じて，経済厚生水準を上昇させる効果をもつ．

　もちろん，この場合に生じる「コスト」は保険があるために，災害の発生率

自体が上昇する可能性が高いということである．したがって，保険の導入だけではなく，災害そのものの抑止のために政策を講じる必要が生じるであろう．この点も雇用保険と同様の性質である．

III 今後の課題

　失業リスクへの対処については，あまりにも課題として残されたことが多い．そもそも，現在の長期的な失業の増大がどのような理由によって生じたのか，もっと研究がなされる必要がある．第I節で述べたように様々な要因が可能性として考えられるが，現在のところはリスク対策に十分役立つほどの特定化がなされているとは言えない．研究者および政策担当者は，相互の協力のもとに，失業の実態の把握によりいっそう努めねばならないだろう．
　これからの政策の方向性としては，失業への流入を抑制するよりも，失業からの流出を促進することが重要であるように思われる．一般に，失業率を政策的に低下させるためには，就業者の失業プールへの流入を抑止するか，失業プールから就業への移行(流出)を促進するかのいずれか，または双方が必要となる．従来の政策は，どちらかというと前者に重点が置かれていた．かつては，雇用調整助成金などを用いて一時的に失業への流入を抑えさえすれば，近い将来の景気回復に望みをつなぐことができた．しかしながら，現在は急激な技術変化と厳しい国際競争の時代であり，それに応じて産業構造の変化が進んでいる．このような時代には，一時的な失業への流入抑止策は効果が薄い．むしろ，労働市場の透明性を高めたり，雇用保険における就職インセンティブを強化したり，さらには労働者の再訓練を充実させたりして，失業状態に陥ってもすぐに抜け出すことができるような仕組みを作り上げることが望ましいであろう．
　さらに，最近では若年層の就業問題がクローズアップされ，その対策の必要性が高まっている．フリーターやいわゆるニートの問題は，以前から存在していた．しかし，当初は「本人が自由な生き方を選んでいる」として，政策課題に浮上してこなかった．ところが日本が長期不況を経験するなかで，不本意なフリーターやニートが多数生み出され，そして彼らが長期的な困難に陥りやす

いと理解されはじめたことで，一気に支援の対象とされるようになった．しかしながら，日本で若年就業問題が真剣に考えられはじめたのはごく最近であり，まだまだ研究の蓄積が不足している．今後も継続的に若年就業問題へ取り組んでいく必要があろう．

他方，労働災害の発生率は長期的に低下傾向にあるので，社会的にも失業リスクほどの問題意識は希薄である．しかしながら，一時に3人以上の労働者が死傷あるいは罹病した重大災害は，1985年の141件以降増加傾向に転じており，2005年には265件に達した．こうした大規模な災害の増加傾向は，日本企業の安全管理態勢の不十分さを露呈している．

筆者は，労災リスクを今後さらに抑制していくには，各企業の「安全資本」を高める努力が必要であると考えている．「安全資本」とは，企業の安全管理態勢の水準を表す筆者の造語である．企業の安全資本の水準が高くなれば事故リスクは低下するので，企業にとって価値のある資本である．ところがこの資本は，機械設備などの物的資本と同様に，放置すれば劣化してしまうので，その水準を維持・向上させるためには絶えざる投資が必要となる．

例えば，マンネリ化による安全管理体制の形骸化や，担当者が会社を離れたりすることで生じるノウハウの断絶などを避けるためには，時間をかけて従業員に安全教育を行い，パトロールを実施し，リスク要因の除去に努めなければならない．これはもちろん，企業にとってコスト上昇要因となる．しかし，このようなコストを企業が負担して安全資本に対する投資を行ってこそ，災害の発生が抑制される．

ところが，1990年代の日本企業は将来の企業経営について弱気になり，あらゆる形の投資を手控えてしまった．機械設備への投資が減少したことで，製造業における設備の老朽化が進み，設備トラブルに起因する事故が増加した．安全資本への投資も例外ではない．日本企業は徹底したコスト抑制のために最小限の人員で生産活動を行い，「効率化」の掛け声のもとに安全面に配慮する余裕が失われてしまった．しかも，設備の危険性に通暁したベテランがリストラされることで，安全についてのノウハウの伝承が停滞した．最近では，指揮命令系統の異なる労働者が同一事業所で働く傾向や流動性の高い労働者の比率が強まっており，このことも安全活動に障害をもたらしている可能性がある．

その結果，安全資本の蓄積が抑制されてしまい，事故リスクが増大しつつあるように思える．

さらに，安全資本には物的資本にない難しい特性がある．まず，安全資本の水準は直接には目に見えない．そのため，危機管理態勢が劣化していても判断が難しく，対応が遅れがちになってしまう．経済効果が見えにくい点も安全資本の特徴である．長期間の無事故が偶然の産物か，安全資本による事故低減効果によるのかを判断しにくいことが多い．そのため，投資に見合った成果が得られているかが分かりにくく，投資を抑制させる方向に働きやすい．

それでも，最近は「安全衛生マネジメントシステム」といった優れた手法が普及しつつある．このシステムは，企業が全従業員の協力のもと，安全衛生活動の「計画－実施－評価－改善」という一連のサイクルを継続的に実施するもので，その効果は海外でも広く認められている．わが国では中央労働災害防止協会が主体となって，導入事業場の適格認定も行われている．

ここで注意すべきは，安全に対する取り組みにおいては，経営トップの意識がきわめて大きく影響するということである．現場の従業員が設備のリスクを強く感じていたとしても，それが管理者にスムーズに伝わらなければ有効な対策は講じられないし，伝わったとしても安全を重視する企業風土がなければ生かすことはできないであろう．昨今では企業の上層部が現場の情報に疎いことも多く，リスク情報の正確な吸い上げに失敗している例も散見される．安全資本への投資が長期的に見れば企業収益に結びつくことを認識しつつ，全従業員に適切な安全教育を実施し，リスクマネジメントが機能する企業風土を醸成することは，企業トップの重要な経営責任である．

参 考 文 献

太田聰一(2001a)，「労災保険の課題――経済学の視点から」猪木武徳・大竹文雄編『雇用政策の経済分析』pp.303-338，東京大学出版会(西村健一郎・岩村正彦・菊池馨実編(2005)，『社会保障法――Cases and Materials』有斐閣，「第4編　労働保険」に転載)

太田聰一(2001b)，「労働災害・安全衛生・内部労働市場」『日本労働研究雑誌』No. 492，pp.43-56

太田聰一(2005)，「フローから失業を考える」大竹文雄編著『応用経済学への誘い』

pp. 55-89, 日本評論社

Acemoglu, Daron and Robert Shimer(1999), "Efficient Unemployment Insurance", *Journal of Political Economy*, vol. 107, issue 5, pp. 893-928

Holmes, Thomas H. and Richard H. Rahe(1967), "The Social Readjustment Rating Scale", *Journal of Psychosomatic Research*, vol. 11, issue 2, pp. 213-218

Hunt, Jennifer(1999), "Has Work-Sharing Worked in Germany?", *The Quarterly Journal of Economics*, vol. 114, issue 1, pp. 117-148

Idson, Todd L. and Walter Y. Oi(1999), "Workers Are More Productive in Large Firms", *American Economic Review*, vol. 89, issue 2, pp. 104-108

Shavell, Steven and Laurence Weiss(1979), "The Optimal Payment of Unemployment Insurance Benefits over Time", *Journal of Political Economy*, vol. 87, issue 6, pp. 1347-1362

第3章

貧困のリスク

阿部　彩

　近年,「貧困」や「ワーキングプア」という言葉がマスコミでも多くみられるようになってきた．従来,日本は「平等社会」であると信じられ,経済成長を果たした現代日本において貧困は存在しないと考えられてきた．しかし,近年の格差論争に触発され,人々は現代日本においても「あってはならない生活水準」の人が存在することを感じ始めている．本章は,現代社会において「貧困」であることの意味を整理した上で,日本における貧困者とはどのような人びとであるのか,貧困はどのようなトレンドを追っているのか,その上昇の要因は何なのか,など,日本の貧困の諸相を国際比較を交えながら分析する．そして,日本の社会保障制度が貧困に対してどのような効果を持っているのかを,高齢者,勤労世代,子どもの3つの年齢層に分けて論じ,具体的な政策提言に結びつけていく．

I　貧困リスクのとらえ方

　本章は,生活水準の低さや経済的困窮といった「貧困のリスク」について,それが現代日本の社会においてどれほど存在し,どのような人々がそのリスクに直面しているのか,社会保障制度を代表とする公的制度が貧困に面する人々にどれほど役だっているのかなどを,政府による大規模調査や筆者を含む研究チームによる社会調査などのデータを参照しながら論ずる．貧困の各論に飛び込む前に,「貧困リスク」とは何かをまず確認しておこう．

第3章 貧困のリスク

　そもそも，貧困とはリスクなのであろうか．リスクの定義については，本シリーズ第1巻の編者による討論会において詳しく論じられているが，リスクという言葉からイメージされやすい「偶発性」を伴ったイベントと想定すると，貧困は必ずしもリスクとは言い切れない部分がある．本巻の各章にて論じられるような失業・労災，医療，企業倒産など経済学上の各種のリスクは，人々が社会生活を送るうえで「起こるかも知れない(偶発的)」なリスクとして誰もが納得できる．しかし，近年の貧困研究で明らかになってきているのは，このような偶発的な要因によって生じるものではない貧困の側面である．これらの研究は，貧困が固定化し(樋口他，2003；太田・坂本，2004；浜田，2007等)，子ども期の生育環境が成人における生活水準の低さに大きく影響し(阿部，2007)，さらに，それが世代間で継承されていること(青木，1997；佐藤，2002；苅谷，2001等)を明らかにしている．つまり，ある人が貧困状況にあることは，その人の人生の上で偶然におこった危険に遭遇したからではなく，すでに生まれた時から存在している所与の条件である場合も多いのである．

　一方で，貧困は，現代社会におけるさまざまなリスクの結果として論じられることも多い．失業や企業倒産など経済学上のリスクはそれ自体が問題であるのではなく，それによって引き起こされる生活水準の低下や生活苦が問題であり，そのような諸問題を「貧困」と呼んでいるのである．ここで用いられる「貧困」のコンテクストは，その要因が偶発的なものであれ，所与の不利であれ，あくまでも結果である．その意味で，貧困は本巻の他章と密接に関連している．

　さらに，貧困は，リスクに対応するための資源(リソース)の欠如であるという考えもある．貧困は，疾病や障害，災害，環境問題，失業や加齢などの他のリスクへの対応能力を低下させる．例えば，正社員のAさんにとって数日間風邪をひくことは，病気休暇を活用できることもあり，なんら問題とならないが，それが，一人暮らしの日雇い労働者のBさんであれば病気休暇ももとよりなく，欠勤は即，所得の減少を意味し，蓄えもないため，生活に困窮して，餓死することもありうるのである．この場合，風邪をひくことはAさんにとってはリスクではないが，Bさんにとっては大きなリスクである．これは極端な例であるが，貧困はこのようなリスクの連鎖を引き起こすのである．何故なら，貧困とは低

所得・低資産など経済的指標で測ることができる生活水準の低さのみに現れる現象ではなく，人的資本や家族関係，対人関係の希薄，健康や気力の欠乏など，人々がリスクに対面したときにセーフティ・ネットの役目を果たす諸資源の欠如を伴うからである．このような危険性のスパイラル(The spiral of precariousness)を，社会的排除と呼ぶ場合もある(阿部，2007).

II 貧困の定義──貧困とはなにか

貧困の議論を始める前に，貧困の概念とその定義について合意しておく必要がある．まず，強調すべきなのは，貧困の概念は，所得格差や資産格差などの格差の概念と異なるということである．格差は，所得や消費などの生活水準の分配の状況を単に記述するものであり，社会において，どの程度の格差が適正であるのかという価値判断を含んではいない．格差は推奨すべきであるという議論さえも存在する．格差は人々の努力や能力の違いによって生じるものであり，格差があるからこそ人々はより努力するインセンティブを持つという格差是正論がそれである．一方で，貧困は，その定義からして，社会の中で「許されるべきでない」状況を表す概念であり(岩田，2005)，そこには，何が「許されるべきでない」ものなのかという価値判断が存在する．換言すると，貧困が何かを追求することは，理想とする社会のあり方が何かを問うことなのであり，人々の思想や社会規範に大きく左右される．それ故に，貧困をどう定義するべきかの論争は，早くは20世紀始めから，社会政策学者の間で行われてきた(例えば，著名なRowntree, 1901など)．しかし，1世紀以上たった現在でも，論争は終わっていない．日本においても，公式な貧困基準は存在しない．日本の公式貧困基準に一番近いものは，生活保護法における最低生活費(保護基準)であるが，これさえも高すぎるなどの批判を浴びており，日本の中で，「許されるべきでない」状況とは何なのかという社会的合意は得られていないといえよう．

人々の貧困感を調査した青木・杉村(2006)によると，日本の一般市民の大多数は「貧困」という言葉を現在の日本社会に当てはめることに違和感を抱いており，「貧困」という言葉からイメージされるのは途上国や被災国あるいは敗

第3章 貧困のリスク

戦直後の日本といった衣食住さえも満たされない状況であることが多い．実際に，経済学者の中でも現在の日本に貧困は存在しないと考える人も少なくないであろう．しかし，欧米諸国では，貧困を当該社会の枠組みの中でとらえなおし，人々がその社会の一構成員として機能するためには，社会の規範的生活水準から一定の範囲内の生活水準が必要であるという概念が主流である．この違いは，絶対的貧困と相対的貧困の概念の違いともいえる．絶対的貧困とは，人々が生活するために必要と思われる生活基準を時間や空間を超えて絶対的に（固定して）設定し，それを欠けている状態を示す．絶対的貧困概念を適用した最も著名な例は，先に挙げた Rowntree（1901など）であり，ここでは労働力として「健康と労働能力を維持するための，最低消費食料」（藤本，1985）を貧困線として設定している．また，国連などで用いられる1日1人当たり1ドルといった基準も絶対的貧困基準の例である．絶対的貧困基準は，必ずしも低い生活レベルで設定される必要はないが，衣食住といったBHN（Basic Human Needs）ともいえる最低限の生活水準で設定されることが多く，発展途上国を含めた国際比較によく用いられる．日本の一般市民が「貧困」としてイメージしやすいのも，この絶対的貧困の概念に近い．一方，相対的貧困は，人々が社会の中で一構成員として機能するためには社会の規範的生活レベルから一定距離以内の生活レベルが必要であるという考え方に基づく．例をとると，人々が日本の現代社会において職を得，人々と交流をし，家族を形成していくためには，ただ単に衣食住が満たされているというだけではなく，就職活動などの社会生活に恥ずかしくない身なりをし，電話などのコミュニケーション手段にアクセスでき，親戚や友人の冠婚葬祭に出席して祝儀を出すなどの社会的活動ができる生活水準が必要であるということである．絶対的貧困と相対的貧困は，どちらかが優れているというわけではなく，お互いを補完する概念であり，貧困を語る際には両者を考慮する必要がある．しかし，先進諸国においては，絶対的貧困（特に低レベルにおいての）が満たされているという認識から，相対的貧困概念を用いることが多い．日本における生活保護法の最低生活費（保護基準）も，1984年より水準均衡方式をとっており，一般国民の消費水準の一定割合になるように設定されているため，相対的貧困基準といえる．本稿でも，国際的潮流にならって，相対的貧困の概念を用いて議論をすすめることとする．

III 日本の貧困率の推移

　近年における日本の相対的貧困率の推計は，いくつかの研究で行われている（山田，2000；駒村，2005；Förster & Mira d'Ercole，2005；橘木・浦川，2006；阿部，2006a 等．貧困率推計の既存研究については，中川，2002 が詳細にレビューしているので参照されたい）．2006 年 7 月に経済協力開発機構（OECD）が発表した『対日経済審査報告書』は，日本の貧困世帯率（全世帯の中に占める貧困世帯の割合）が OECD 諸国の中でアメリカに次ぐ第 2 位であると勧告し，これはマスメディアにも大きく報道された．しかし，国際比較よりも重要なのは，一貫した定義とデータで日本の貧困線をみた時，それがどのようなトレンドであり，どのような人々が貧困状況におかれているのかを問うことである．このような観点から，まず，貧困のトレンドをみると，これらの研究は共通した結論を出している．すなわち，日本の貧困率が過去 20 年間において上昇傾向にあるということである（図 1）．貧困率は 1980 年代から徐々に上昇し始め，1990 年代後半にピークを迎えているようである（2000 年以降については，データが少なく確認できない）．比較的に長いスパンで貧困率を追っている阿部（2006a）の推計によると，1984 年から 2002 年の 18 年間に，社会全体の貧困率は 10.05％ から 14.80％ まで上昇している．ここで用いられた貧困線の定義は，世帯員すべての所得を合算した世帯所得を世帯員人数で調整した上で，その中央値（平均値ではない）の 50％ を貧困線とし，調整済世帯所得が貧困線を下回る時，その世帯に属する世帯員全て（子どもも含む）が貧困であるというものである．ちなみに，阿部（2006a）が用いた 2002 年の貧困線は，1 人世帯では 141 万円，4 人世帯では 282 万円（年間所得）であった．この数値は，相対的貧困概念に則って計算されており，人々が一般的な生活を送るために必要な最低限の所得と考えていただきたい．ちなみに，本稿においては，他の記述がない限り，この方式で求められた貧困率を用いる．

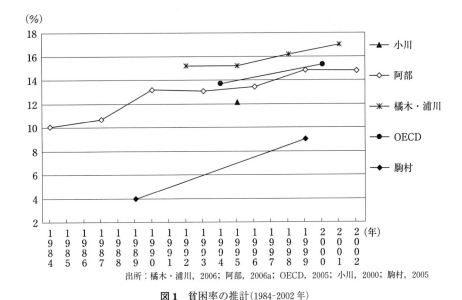

出所:橘木・浦川, 2006;阿部, 2006a; OECD, 2005;小川, 2000;駒村, 2005

図1 貧困率の推計(1984-2002年)

Ⅳ 貧困率上昇の要因

　不況時に貧困率が上昇するのは直感的に納得できるが,日本の近年の貧困率の上昇は好景気の期間においても続いている.それでは,日本の貧困率を上昇させている要因は何なのであろうか.まず,最初に念頭に浮かぶのが高齢化の影響である.後節で詳しく述べるが,日本の高齢者の貧困率は他の年齢層の貧困率に比べ群を抜いて高い.そのため,人口に占める高齢者の割合が増えると,社会全体の貧困率が上昇してしまう.かつて,所得格差についての議論においても,格差拡大の一部が高齢化によって説明できるとの議論があったが(大竹, 2005),それと同じ議論が貧困についてもあてはまるのである.第二の要因は,世帯構造の変化である.単身世帯や母子世帯など,貧困率が高い世帯の割合の増加は,社会全体の貧困率を引き上げることとなる.1人世帯の構成割合は,1980年の18.1%から23.3%(2003年)に伸びている(厚生労働省, 2004).また,

Ⅳ 貧困率上昇の要因

諸外国においては，子どもの貧困率上昇の大きな要因として，母子世帯の増加が挙げられており，日本においても，有子世帯に占める母子世帯の割合が 4.8％(1989 年)から 6.5％(2001 年)に上昇していることが報告されている(阿部・大石，2005)．このような世帯構造の変化は，少なからず貧困率の悪化をもたらしているはずである．

第三の要因は，人々が市場から得る所得(市場所得)の変化である．OECD の『対日経済審査報告書』は，日本における非正規労働者の割合が 10 年間に 19％から 30％以上に増加し，パートタイム労働者の時間当たり賃金は平均してフルタイム労働者の 40％にすぎないことを背景に，このような低賃金で働く労働者や無職業者の増加が貧困率をおしあげる要因となっていると指摘している(OECD, 2006a)．貧困率は，可処分所得(市場所得から税や社会保険料を引き，年金や児童手当などの社会保障制度からの現金給付を足したもの．市場所得を再分配前所得，可処分所得を再分配後所得とも呼ぶ)を用いて計算されるが，これは，もともとの市場所得で計算された貧困率に，社会保障と税制度の貧困削減(または増加)効果を加えたものである．第四の要因として考えられるのが，この社会保障と税制の貧困削減効果の減少である．通常であれば，これら制度が貧困削減の機能をもつはずであるので，可処分所得で計算する貧困率は，市場所得で計算するものより低くなる．税制も累進制が高い場合は，防貧機能をもつこともあるが，特に，貧困削減効果が大きいのが社会保障制度である．日本の社会保障制度には，引退後や障害を負ったとき，生計の担い手を失ったときなどの生活を補助する公的年金制度，職を失ったときの所得を補填する雇用保険，そして，最低生活を保障する生活保護制度が存在するが，これらの制度が複合的に担う防貧機能が低下すると，貧困率は上昇する．

これら四つの要因が，近年の貧困率の上昇に，それぞれ，どれほど寄与しているのかについて明快な答えは出されていない．しかし，部分的な分析はなされているので，ここで紹介したい．阿部(2006a)は，1980 年代後半から 2000 年初期の貧困率の上昇を，高齢者(60 歳以上)分，壮年者(20-59 歳)分，子ども(20 歳未満)分に分解した結果，高齢化に起因する貧困率の上昇は限定的であると結論付けている．むしろ，この期間の上昇に一番大きく寄与しているのは，市場所得の変化(悪化)であった．1990 年から 2002 年の間に，高齢者の市場所

得の貧困率は 38.95% から 50.79%，勤労世代は 10.43% から 13.02%，子ども
は 10.74% から 14.67% に上昇した．分析の結果，社会保障制度の防貧機能(特
に高齢者に対する)が若干高まっていることによって，上昇の度合いは緩和さ
れているものの，市場所得の悪化が著しいため，可処分所得での貧困率が上昇
していることがわかった．世帯構造要因については，単身世帯に属する高齢者，
無配偶者，母子世帯に属する子どもといった，貧困率がほかの人々に比べ高い
グループの割合の増加がみられたものの，これら世帯構造の変化が各年齢層の
貧困率に及ぼす影響は限定的であり，各年齢層においても，やはり，市場所得
の悪化による影響が一番大きい．例えば，子どもの貧困率の上昇と母子世帯の
増加の関係について言うと，確かに，日本の母子世帯の貧困率の高さは群を抜
いており(2002 年の母子世帯の子どもの貧困率は 62.3%)，母子世帯に属する
子どもの割合も多くなってきているとはいえ，他の先進諸国に比べると未だに
低レベルであり(4.3%)，母子世帯の貧困率の高さが子ども全体の貧困率を押
し上げているところまではいかない．近年の子どもの貧困率の上昇は，むしろ，
母子世帯以外の子どもを持つ世帯の貧困率の上昇(1987 年 9.21% から 2002 年
12.91%)に起因する．

V 国際比較からみた日本の貧困の特徴

　前節で示したように，日本の貧困率が上昇傾向にあることは確かである．そ
れでは，この貧困率は他の先進諸国に比べて高いレベルなのであろうか．「日
本総中流」という言葉が表すように，高度成長期以降，日本は貧困が少ない国
と信じられてきた(橘木・浦川，2006, p.24)．もし，そうであれば，現在の貧困
率の上昇は，もともと低い貧困率が他の先進諸国並みに上がったということな
のだろうか．また，日本の中で，どのような人々が特に貧困の危機にさらされ
ているのであろうか．
　ここでは，欧州委員会(EC)が開発した「貧困と社会的排除指標(Poverty
and Social Exclusion Index)」を用いて，日本と欧州諸国の貧困の比較を行う
こととしたい．「貧困と社会的排除指標」は，欧州委員会が 2001 年から専門委

表1 貧困と社会的排除指標(Poverty and Social Exclusion Index)

指標1：年齢層別・性別，貧困リスク率(再分配後 等価可処分所得)

		日本	EU平均	英	仏	独	ス
全人口		20	16	18	14	16	11
0-15歳の子ども		21	20	22	14	20	11
16歳以上	合計	20	16	17	13	15	11
	男性	18	14	15	12	12	10
	女性	22	17	18	14	17	12
16-24歳	合計	21	21	18	20	24	26
	男性	20	19	16	18	20	26
	女性	22	22	19	21	27	26
25-49歳	合計	16	14	13	11	13	8
	男性	15	13	12	10	11	8
	女性	17	15	15	12	16	9
50-64歳	合計	18	13	16	12	12	5
	男性	16	13	16	12	11	6
	女性	20	13	16	12	13	4
65歳以上	合計	27	18	24	16	15	14
	男性	24	15	21	14	10	9
	女性	29	20	27	17	18	18

指標2：世帯類型別，貧困リスク率(再分配後 等価可処分所得)

		日本	EU平均	英	仏	独	ス
扶養児童がない世帯	合計	21	15	16	13	14	13
単身世帯	計	36	24	27	19	23	23
	男性	20	22	24	18	20	21
	女性	46	26	30	20	26	25
	65歳未満	25	22	24	20	23	22
	65歳以上	50	26	32	19	23	24
2人(成人)世帯	高齢者(65歳以上)なし世帯	15	10	11	9	8	6
	高齢者(65歳以上)あり世帯	27	15	21	13	11	6
その他世帯		15	9	8	9	11	1
扶養児童がある世帯	合計	20	18	20	14	17	10
単身親世帯	子が1人以上	59	34	40	30	38	19
2人親世帯	子が1人	14	12	13	10	14	8
	子が2人	14	15	14	9	10	5
	子が3人以上	18	27	24	17	24	14
その他世帯(大人が3人以上)	子が1人以上	20	18	14	17	18	9

指標3：世帯就労状況(WI)別，貧困リスク率(再分配後 等価可処分所得)

		日本	EU平均	英	仏	独	ス
扶養児童がない世帯	WI=0	37	—	—	26	37	18
	0<WI<1	14	—	—	10	13	14
	WI=1	17	—	—	3	6	5
扶養児童がある世帯	WI=0	71	—	—	71	78	42
	0<WI<0.5	20	—	—	40	45	26
	0.5≦WI<1	18	—	—	13	13	10
	WI=1	18	—	—	5	8	6

指標4：最頻活動別，貧困リスク率(16歳以上の個人のみ・再分配後 等価可処分所得)

		日本	EU平均	英	仏	独	ス
全人口	合　計	20	16	17	13	15	11
	男　性	18	14	15	12	12	10
	女　性	22	17	18	14	17	12
勤労者	合　計	16	9	7	5	9	6
	男　性	15	9	7	6	6	6
	女　性	18	8	7	5	9	6
うち　被用者	合　計	13	—	6	—	—	—
	男　性	11	—	5	—	—	—
	女　性	16	—	6	—	—	—
うち　自営業者	合　計	28	—	17	—	—	—
	男　性	29	—	18	—	—	—
	女　性	27	—	17	—	—	—
非勤労者	合　計	25	23	31	21	21	18
	男　性	26	23	31	21	20	16
	女　性	24	24	30	21	22	19
うち　失業者	合　計	38	42	54	34	46	26
	男　性	38	46	56	41	50	31
	女　性	37	37	50	26	41	18
うち　退職者	合　計	26	16	25	13	14	14
	男　性	24	15	22	14	11	11
	女　性	29	17	27	13	17	16
うち　その他非勤労者	合　計	22	26	34	27	24	24
	男　性	23	26	37	26	25	23
	女　性	22	26	33	28	24	25

指標5：貧困リスク・ギャップ(再分配後 等価可処分所得)

		日本	EU平均	英	仏	独	ス
全人口		20	23	20	19	25	17
0-15歳の子ども		19	24	17	19	31	13
16歳以上	合　計	20	23	21	19	24	19
	男　性	20	23	22	19	22	21
	女　性	21	22	20	19	24	17
16-64歳	合　計	20	25	23	22	25	26
	男　性	20	25	25	22	23	26
	女　性	20	25	21	22	27	23
64歳以上	合　計	21	16	18	11	19	13
	男　性	20	15	15	10	17	10
	女　性	22	16	19	12	19	13

指標6：再分配前　貧困リスク率：年金前，年金後
年金(老齢年金，遺族年金)を含むすべての社会保障給付の前(税後，社会保険料後)

		日本	EU平均	英	仏	独	ス
全人口		34	42	43	44	36	43
0-15歳の子ども		27	35	44	36	26	37
16歳以上	合　計	36	43	43	46	38	45
	男　性	33	40	39	43	33	42
	女　性	38	46	46	49	43	48
16-64歳	合　計	26	32	31	33	25	32
	男　性	23	30	28	31	21	31
	女　性	28	35	34	35	29	33

64歳以上	合計	66	88	92	95	86	94
	男性	67	88	91	95	84	91
	女性	65	88	93	95	88	97
年金(老齢年金, 遺族年金)後, その他の社会保障給付の前(税後, 社会保険料後)							
全人口		21	26	29	26	24	30
0-15歳の子ども		22	33	43	35	30	36
16歳以上	合計	20	24	26	24	22	29
	男性	19	22	24	23	19	26
	女性	22	26	28	25	25	31
16-64歳	合計	18	24	25	25	22	29
	男性	17	23	24	24	19	29
	女性	19	25	27	26	24	30
64歳以上	合計	27	24	28	21	24	26
	男性	24	20	23	19	19	15
	女性	30	26	31	23	28	34

指標7:勤労所得がない世帯に属する割合 子ども(0-17歳),勤労世代(18-59歳)

		日本	EU平均	英	仏	独	ス
子ども(0-17歳)		2	10	17	10	11	—
勤労世代(18-59歳)	合計	4	10	11	11	11	—
	男性	3	9	9	10	11	—
	女性	4	11	13	12	11	—

出所:日本=『平成14年所得再分配調査』より筆者計算.他国=EC(2006), *Eurostat Labor Force Survey*. 英と独は,国の独自データ.他はEU-SILCより計算.

員会を設けて開発・改良したもので,ここで紹介するのは「2006年社会的保護と社会的包摂に関する報告書(Joint Report on Social Protection and Social Inclusion 2006)」で用いられたものである.本指標は,12の第一次指標と9つの第二次指標からなっており,一つ一つの指標にも年齢別・性別など細かい集計が求められている.本指標の一義的な目的は社会的排除の事象を計測することであり,雇用や健康などの項目も含まれているが,大部分を占めるのは所得を用いた貧困指標の数々(EUはこれを貧困リスクと呼んでいる)である.貧困の基準は,等価世帯所得でみた個人ベースの中央値の60%であり,通常使われる50%より,やや高く設定されている.本指標の中から,推計が可能であった7つの貧困リスク項目について日本とEU主要国4カ国(イギリス,ドイツ,フランス,スウェーデン)について比較したものが表1である.日本については,厚生労働省『平成14年所得再分配調査』を用いて計算しており,他の国は上記のEU報告書による.なお,残念ながら,OECD諸国の中で,唯一日本よりも貧困の状況が悪いと考えられるアメリカはEUのデータに含まれていない.

第3章　貧困のリスク

　まず，指標1は，年齢層別，性別の貧困リスク率である．日本の貧困リスク率は，全ての年齢層で，EU平均より高いが，特に高齢になるほどその差が大きくなり，65歳以上の高齢者では，EU平均との差は10ポイント近くなる．高齢者の貧困リスク率の高さが，まず，日本の特徴としてあげられる．全人口でみると，日本の貧困リスク率は20%であるのに対し，EU平均は16%である．男女格差は，すべての国においてみられ，65歳以上で特に大きいのも共通である．

　指標2は，世帯類型別の貧困リスク率である．世帯類型は，まず，扶養児童の有無で分類され，その後に大人の数でさらに詳細に分類される．EU平均と比べると，日本は扶養児童がない世帯(無子世帯)においての貧困リスク率が高い．特に，単身世帯の女性と高齢者における貧困リスク率が際立っており，EU平均より20ポイント以上高い．あまり政策的な注目をされることがないそのほかの無子世帯でも(例えば，大人2人で高齢者がいない世帯)，EU平均より高い値を示している．扶養児童がある世帯(有子世帯)では，単身親世帯が際立って高い貧困リスク率である．2人親で子が2人以上の世帯は，逆にEU平均より低い値となっている．

　指標3は，世帯就労状況別の貧困リスク率である．世帯就労状況(work intensity＝WI)とは，世帯の中の勤労世代の世帯員が実際に就労している割合である．WI＝0のときは，世帯員が1人も働いていない状況を示し，WI＝1のときは，働くことが可能な世帯員が全員働いている状況を示す．この指標は，欠損している国が多く，EU平均は示されていないが，データがある国と比べると，日本の状況は他国と似ている．扶養児童がある世帯もない世帯も，WI＝0の世帯の貧困リスク率が高く，特に扶養児童がある世帯では貧困リスクは70%を超える．しかし，日本の特徴は，WI＝0以上0.5未満の世帯，WI＝0.5以上1未満，WI＝1の世帯と働いている世帯員の割合が高くなっても，貧困リスク率がさほど減少しないことである．EU諸国においては，WI＝1とそれ以下の世帯では明らかに大きな貧困リスクの差があるのに対し，日本ではその差が3ポイントと0ポイントである．つまり，第一稼得者の所得がすべてであり，第二以降の稼得者(second earner)の所得はそれほど貧困リスク減少に役立っていない．これは，第二稼得者の多くである女性の勤労所得が低いことを

V 国際比較からみた日本の貧困の特徴

反映していると思える．

　ECは，最頻活動別の貧困リスク率にも着目している(指標4)．最頻活動とは，1年のうちで最も多く携わっている活動のことであり，まず，勤労者か非勤労者かを分け，勤労者の場合は被用者か自営業者か，非勤労者の場合は失業者，退職者，その他に分けられている．EU諸国と同様に，日本も非勤労者の貧困リスク率が勤労者のそれより高い．しかし，日本は勤労者の貧困リスクも高いのが特徴的である．勤労している貧困者とは，近年のはやりの言葉でいうワーキング・プアのことである．勤労者合計の貧困リスク率をみると，英国，ドイツでは7%と9%，フランス，スウェーデンにいたっては5%と6%と，軒並みに一桁台であるのに，日本では16%となっている．特に自営業者の貧困リスク率は高く，28%である．一方，非勤労者では，退職者の貧困リスクが高く，高齢者の貧困リスクが高いという指標1の結果を裏付けている．失業者とその他の非勤労者の貧困リスクはEU平均より低いが，この理由は彼らの多くが学生や主婦など，もともと就労を選択していない人々が多いことであると思われる．

　このように，EU諸国に比べて，日本の貧困リスク率は高く，特に高齢者，無子世帯，勤労者においては，無視できない大きさの差がある．しかし，唯一，EU平均よりよい結果を示しているのが貧困リスク・ギャップ(指標5)と再分配前の貧困リスク率(指標6)である．貧困リスク・ギャップとは，貧困の頻度のみならず，貧困の深さをも示す指標である．貧困線を下回る人々の割合が多くても，それぞれの下回る度合いが低い場合，貧困率は高くとも貧困ギャップは低い場合もあるのである．この貧困リスク・ギャップでみると，日本の子どもと16-64歳の成人の貧困リスク・ギャップはEU平均を下回っている．つまり，貧困線より下の割合(貧困リスク率)は多いが，比較的に「貧困線より少し下」の人が多いのである．このことは貧困削減を目的とする政策も効果があがることを示唆している．何故なら，比較的に少しの給付で貧困線を上回ることができるからである．しかしながら，高齢者に限ると，彼らの貧困リスク・ギャップはEU平均より高い．

　再分配前の貧困リスク率(指標6)は興味深い知見を与えている．全ての社会保障給付前(市場所得から税や社会保険料を引いた後)の貧困リスク率(上段)を

みると，高齢者の貧困リスクは 66% であり，EU 平均(88%)を大幅に下回っ
ているのである．他の EU 主要国の数値も，英国 92%，フランス 95% と日本
の高齢者に比べ 20 ポイント以上高い．この理由の一つは，日本の高齢者の就
労率が高いことと考えられる．しかし，「年金後，その他の社会保障給付前」
(下段)の高齢者の貧困リスク率は EU 平均より高くなってしまっている．つま
り，EU 諸国においては，年金給付が高齢者の貧困リスク削減に大幅に役立っ
ているのに対し，日本では年金給付がそれほど役立っていない．他の年齢層に
おいては，上段も下段も EU 平均より低い．しかし，指標 1 でみたように再分
配後の貧困リスク率では EU 平均を上回るので，他の年齢層でも社会保障給付
が貧困削減に他国ほど効果的でないことがわかる．

　最後に，1 人も勤労者がいない世帯に属する割合をみてみよう(指標 7)．こ
れでみると，子どもは 1.7%，18-59 歳の成人は 3.8% と EU 平均(9.6%，10.2
%)を大幅に下回っている．指標 3,4 と合わせてみると，日本の貧困リスクの
分布の特徴は，働いている世帯員がいない世帯，つまり失業の問題ではなく，
働いている世帯員が(複数)いるにもかかわらず貧困リスクが高いというワーキ
ング・プアの問題であることがわかる．

VI　社会保障制度の防貧機能

　EU 諸国との比較の中で，日本の貧困の特徴として，高齢者，無子世帯の貧
困率の高さ，母子世帯の群を抜く貧困率の高さ，ワーキング・プアの多さ，2
人目以降の稼得者の所得の低さなどが浮き彫りとなった．ここでは，このよう
な貧困の特徴が税制や社会保障制度などの政策とどのように関連しているのか
を論じてみたい．政策は，高齢者，勤労世代，子どもなど対象が限定されてい
ることが多いため，年齢を 3 つの区分に分けて議論をすすめることとする．

(a) 高齢者の貧困に対する政策

年金によるセーフティ・ネット
　日本の高齢者の貧困率は際立って高い．前節の EU 諸国との比較からみると，

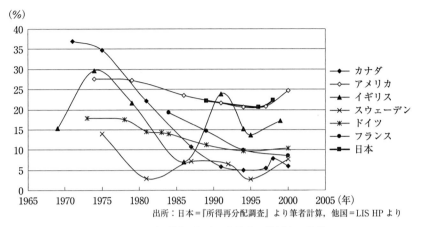

図2 OECD主要国における高齢者の貧困率の推移
出所：日本=『所得再分配調査』より筆者計算, 他国=LIS HP より

　日本の高齢者の市場所得（指標6上段）は決して低いわけではない．しかし，年金給付後（指標6下段）の貧困率は，OECD平均よりも高い数値となっている．つまり，他国では高齢者の貧困削減に大幅に役立っている公的年金給付が，日本の高齢者の貧困削減にはさほど機能していないのである．

　日本の公的年金は1961年に皆年金を達成し，既に成熟期を迎えているといってもよい．一昔前は，貧困は高齢期の問題といってもよいほど，高齢者の貧困は多かった．しかし，公的年金が成熟するにつれて，高齢者の最低生活も保障されるようになり，貧困率が下がってくると考えられる．実際に他国では，1970年代から1990年代にかけて，高齢者の貧困率が大幅に下がっている（図2）．多くの国が1995年以降は，若干の上昇の傾向をみせているものの2000年前後の貧困率は，1970年代のそれよりも低いレベルである．日本については，比較可能なデータで1970年代まで遡るものがないので，1970年代からの傾向はこの図からはわからない．しかし，阿部（2006a）によると，高齢者の貧困率は1980年代から1990年代にかけて上昇し，1990年代からは横ばいである．日本の公的年金が高齢者の貧困削減機能を他国ほどに果たしていないのは何故なのだろうか．

　公的年金の給付水準を表すのに，よく用いられる指標が，所得代替率である．所得代替率は，従前所得（退職前の所得）に対するネット年金額（年金給付から

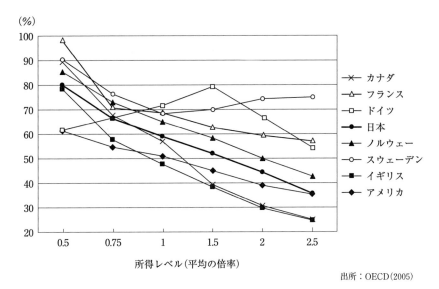

図3　OECD 主要国の所得代替率：所得レベル別

税金などを引いた額)の割合である．日本の公的年金の所得代替率の設計は国際的に見ても決して低い数値ではない(図3)．高齢者の貧困を論ずるときに重要なのは，従前所得の低い人々への年金給付額である．年金の設計が累進的な場合は，従前所得の低い人により高い代替率，従前所得の高い人に低い代替率を設定しており，図では右肩下がりの線となる．図3でみると，スウェーデンとドイツ以外は，右肩下がりであり，日本もこの部類に入る．従前の所得レベルが平均の半分以下の人々の所得代替率は，日本は80％であり，フランス，スウェーデン，カナダ，ノルウェーには及ばないものの，イギリスとほぼ同レベルで，ドイツ，アメリカよりも高くなっている．しかし，高齢者の最低所得保障という観点からみた場合，所得代替率のみをみるだけでは充分な指標ではない．何故なら，所得代替率とは従前の所得に比べ，年金所得がどれくらいになるのかを表している数字であるからである．当然のことながら，従前所得が貧困線より低い場合は，所得代替率が1以上でない限り，その生活水準が貧困線より上となることはない．つまり，所得代替率が最低生活を保障するのに充分であるかどうかは，従前の所得がどれほどであったかを知らなければわから

表2 高齢者の貧困：個人所得と世帯所得による貧困率

	男性	女性
個人所得による貧困率	40.7%	81.0%
世帯所得による貧困率	12.2%	17.7%

出所：『平成14年所得再分配調査』より筆者計算

ないのである．日本の高齢者の貧困率が高いということは，退職前から低所得であった人々に対する年金の代替率が充分でないことを示している．

同居家族によるセーフティ・ネット

日本の高齢者の所得保障が充分でないことを，間接的に示すデータをもう一つ提示しよう．表2は，高齢者の個人所得でみた貧困率と，世帯所得（高齢者本人と本人以外のすべての世帯員の所得の合算）でみた貧困率を比較したものである．高齢者個人の所得のみでみた場合，男性では41%，女性では81%が貧困状態である．本人以外の世帯員（配偶者も含む）を合算した世帯所得でみると貧困率は大幅に減少する．つまり，日本の高齢者の多くは，単身であれば貧困状態になるものの，家族らと同居していることにより貧困に陥るのを免れているのである．実際に，65歳以上の高齢者がいる世帯の48.8%は子どもなどと同居，29.2%は配偶者と同居している（阿部，2006a）．このことは，高齢者の多くが，配偶者の死や，子らとの別居という状況に遭遇した時に，たちまち貧困状態に陥ってしまうことを示している．もちろん，同居の選択肢がなくなった場合には高齢者の行動も変化すると考えられ，それによって所得も変化する．しかし，年金給付額は長年の雇用歴によって既に決定されているので増加させることは難しく，また，就労による所得の増加は，高齢者，特に女性の高齢者にとっては，経済的にも身体的にも辛い選択である．

生活保護によるセーフティ・ネット

年金，家族によるセーフティ・ネットが最低生活保障を満たさない場合に，「最後の砦」として機能するのが生活保護制度である．厚生労働省（2006）によると高齢者世帯（高齢者のみで構成される世帯）の4.9%（2004年）が生活保護を

受けており，これは公的年金制度が整備されていない年代(1958年)の23.7%に比べると大幅な減少であるが，社会全体の世帯保護率2.2%に比べると2倍以上の高さである．つまり，昔ほどではないが，現在でも比較的に多くの高齢者が生活保護の恩恵を受けている．しかし，生活保護の捕捉率(所得が最低生活費以下の人々(世帯)の中で，生活保護を受けている割合)が低いことは多くの研究者が指摘しており，山田(2005)の推計によると比較的に捕捉率が高い高齢者においても，5%から27%である．捕捉率が低いのは，生活保護を受給するためには，貯蓄や家族の扶養能力など，所得テスト以外にも多くの受給要件をクリアしなければならないからである．例えば，成人した子がある場合は，同居・別居にかかわらず子がその人を扶養する能力があるか否かを問われることとなる

公的年金がすべての高齢者の最低生活保障を約束していない日本においては，高齢者の最低生活保障の役割は生活保護制度に任せられている．実際に，生活保護制度の受給世帯の約半数(46.7%，2004年)は高齢者世帯である．しかし，諸外国においては，公的扶助の対象者を，就労の可能性が高い若年者と可能性が低い高齢者に分け，高齢者に対しては年金給付の補完という形で最低生活を保障している例が増えている(岩名，2006)．例えば，最近導入された例では，イギリスでは2003年に導入された年金クレジット制度，ドイツでも同じく2003年に老齢・重度障害者基礎保障，スウェーデンの最低保障年金制度，高齢者生計援助法などがある．また，カナダでは補足年金給付(GIS)，アメリカでは補足的保障所得(SSI)が早くから導入されている．これらの国々にならって，高齢者の最低所得保障を，「公的扶助の文脈ではなく，年金制度の文脈」(岩名，2006)で構築しなおすことにはいくつかの意義がある．一つは，公的扶助制度の中で，就労可能性の低い高齢者と可能性の高い若年者を分離し，それぞれのニーズに対応する制度として改正していくことは，国際的な潮流からいっても妥当であることである．二つめは，高齢化が速いスピードで進展している我が国では，貧困者に占める高齢者の割合が急増しており(阿部，2006a)，それに加えて，高齢者の貧困率が依然として高いため，早急に高齢者の貧困に対する抜本的な対策が必要であるからである．このために，常にダウンサイジングのプレッシャーを受けている生活保護制度ではなく，年金制度の一環として

高齢者の最低生活保障のあり方を模索することも検討すべきである．三つめは，基礎年金はすでに国庫負担が財源の1/2を占めており，社会保険の形式をとりながらも，高齢者の所得保障機能の色あいが濃いことである．

(b) 勤労世代の貧困に対する政策

次に，勤労世代の貧困について検討してみよう．EU諸国との比較から，日本の勤労世代の貧困の二つの特徴が浮かび上がった．一つ目は，勤労しながらも貧困状態にある人々，いわゆるワーキング・プアの多さであり，二つ目は社会保障や税などの公的な所得移転の影響の小ささである．二つ目について詳しく見てみよう．図4は，OECD諸国の勤労世代の再分配前と再分配後の貧困率である．再分配前の貧困率は，税前・社会保険料前の勤労所得や財産所得など，いわゆる市場所得を用いて計算した貧困率である．再分配後の貧困率は，再分配前の所得から税や社会保険料を差し引き，年金，児童手当などの社会保障給付を足した後の手取りの所得で計算した貧困率である．この二つを比較することにより，税と社会保障制度が貧困率にどのような影響を与えているのかがわかる．図4によると，OECDのほぼすべての国において，再分配後の貧困率が再分配前に比べ大幅に減っていることがわかる．そのため，例えば，再分配前の貧困率が一番高いフランス(24%)では，再分配後の貧困率が6%まで落ちている．ところが，日本は再分配前の貧困率はそう高くないものの，削減分がOECD諸国の中で一番小さいため，再分配後の貧困率はアメリカに次いで2番目に高くなっている．つまり，日本においては，勤労世代に対する税と社会保障制度による貧困削減効果が極めて小さいのである．

給付と負担のバランス

日本の税と社会保障制度による勤労世代に対する貧困削減効果が小さい理由はいくつか考えられる．一つは，雇用保険からの失業給付，生活保護を代表とする公的扶助制度からの給付，また，障害年金など年金制度からの給付が少ないことである．勤労世代の中で，失業，障害，公的扶助など公的給付を主な所得源とする人々の割合をみると，日本はOECD諸国の中でも最低レベルであり，それぞれ1-2%である(OECD, 2005)．これらの制度に依存する人が少ない

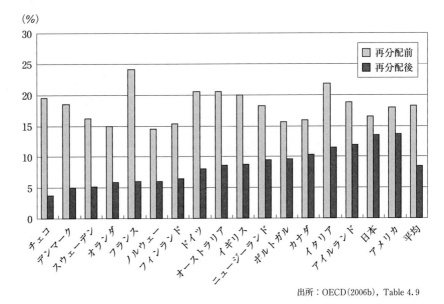

出所：OECD(2006b), Table 4.9

図4 勤労世代の再分配前後の貧困率(2000年)

ことは，一方で，スティグマや福祉依存などの問題を発生させず，喜ばしいことではあるが，もう一方では必要な人々に給付がされていないという問題をはらんでいる．

日本の勤労世代に対する貧困削減効果が少ない二つめの理由が，低所得層における税と社会保険料の負担の重さである．現役時代に社会保険料を拠出し，高齢期に受け取るという社会保険の構造がある限り，現役時代に社会保険料の負担が発生することはいたしかたがないことである．しかし，貧困状態にある人々にとって，将来のための貯蓄とはいえ，現在の負担が大きいことは望ましいことではない．何故なら，生活水準が著しく低くなることは，健康，人間関係，ソーシャル・ネットワークなど人々が備え持つ資産（リソース）を枯渇させ，リスクの連鎖を生み出すからである．それは，人々が社会保険などの制度から脱落する後押しをし，最終的には，社会的排除に追い込むこととなる．

社会保険制度であっても，低所得者の負担が過度にならないように制度設計することは可能である．しかし，国民年金や国民健康保険の保険料は定額であり，厚生年金，健康保険も標準報酬限度額が定められており，保険料は逆進的

である．近年，政府は国民年金の部分免除制度の拡充など，低所得者に配慮した保険料設定を進めているが，その成果に反して，国民年金，国民健康保険の保険料の未納者は増加の一方である．また，所得税制においても，近年の改革によって，累進性が弱められている．貧困者の多くが，課税最低限以下の所得しか得ておらず，税を支払う負担をしていないとしても，例えば，先進諸国の多く（アメリカ，イギリス，オランダなど）が取り入れている還付可能な税額控除などが導入されれば，税制も積極的な貧困削減の政策ツールとなることが可能である．

(c) 子どもの貧困

最後に子どもの貧困について考えてみたい．子どもの貧困は，欧米諸国においても最大ともいえる政策課題となっている．何故なら，大人になってからの貧困については，本人の能力や努力不足といった観点からある程度許容する考えも成り立つであろうが，子どもの貧困については「機会平等」といった観点からも望ましくないからである．子ども期における貧困は，その時点における子どもの生活水準や学校の成績，成長のみならず，子どもが成人となってからの職業や所得，社会扶助の受給などにも影響を与えていることがわかっている．そのため，社会全体からみても子どもの貧困を削減することは，長期的にはコスト面からみても効率的である．

しかし，日本の子どもの貧困率は，1980年代以降上昇しており，高齢者の貧困率には及ばないものの，勤労世代の貧困率を超える高さとなっている．図5を見るとわかるように，着目すべきなのは，日本の税・社会保障制度による子どもの貧困削減効果が，勤労世代のそれよりもさらに小さいことである．OECD諸国において，日本を除く他国は，再分配前に比べ，再分配後の子どもの貧困率が低いが，日本ではその逆である．換言すると，他のOECD諸国においては，税や社会保障といった社会給付が子どもの貧困率を下げているのに対し，日本では逆に貧困率を上げているのである．

有子世帯における給付と負担

子どもの貧困率が再分配前から再分配後に上がるということは，子どものあ

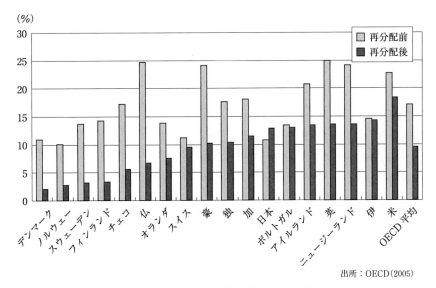

図5　子どものある世帯の貧困率(2000年)

る低所得世帯に対するネット移転(＝社会保障給付－税・社会保険料)がマイナスであることを示している．子どもがいる世帯に対する給付には，生活保護や障害・遺族年金など公的年金制度からの給付のほかに，児童手当や児童扶養手当，所得税の扶養控除などの有子世帯に特有の給付がある．勤労世代の議論の際に触れたように，生活保護は保護率(人口の中で生活保護にかかっている人の割合)，捕捉率(所得が最低生活費以下の人の中で，生活保護にかかっている人の割合)が共に低く，これは子どもについても同様である．0-5歳，6-19歳の子どもの保護率は，1993年の0.34％，0.63％を最低として徐々に上昇しているが，それでも人口の0.68％，1.11％である(国立社会保障・人口問題研究所，2006b)．

　子どものいる世帯にとって，生活保護よりも一般的に給付を受けているのが児童手当，児童扶養手当であろう．前者は，近年，その対象児童年齢，所得制限ともに緩和され，対象年齢児童の約9割がカバーされることとなった．また，2007年6月からは3歳未満の第一子，第二子の手当の金額も増額される．これら一連の拡充の前の児童手当は，対象範囲も狭く，金額も少額であったため，

子どもの貧困削減に対して大きな効果はなかった(阿部, 2005). 近年の拡充が,どれほど子どもの貧困削減に役立つのかを分析するのはデータが揃うのをまたなければならない.

一方で, 勤労世代と同様に, 子どもの貧困についても, 低所得の有子世帯にかかる社会保険・税の負担が過度にならないように配慮する必要がある.

Ⅶ 所得以外の項目を用いた貧困指標

本章の最後に, 所得以外の項目を用いた貧困指標について記述しておきたい. 所得と消費は, 貧困を測定する際にもっともよく用いられる項目である. しかし, 貧困は, 所得や消費などの金銭的な次元の事象のみならず, 健康や社会関係, 住居, 労働市場との結びつきなど, 多数の次元に複合的に現れる人々の生活水準の低さを表すものである. 多くの著者が指摘するように, 人々の生活水準は, 現時点の所得のみならず過去の所得による貯蓄, 財産(持ち家など), 労働資源(教育, 生まれもった能力, 健康状況など), 人間関係の蓄積など, 複数の要因に左右される. 所得の低さは, 貧困の要因の一つであっても, 貧困の事象そのものを表すものではない. 貧困の事象は, 消費, 住宅, 対人関係など生活の諸側面に現れる. そのため, 低所得, 特に現時点における低所得は, 必ずしも貧困を意味しているものではない. 例えば, 引退後の高齢者の多くは, 既にマイホームを購入していたり, 貯蓄を蓄えていたりするため, 現時点における所得が低くとも, 一定の生活水準を保つことができる. 研究者の多くが, 貧困を金銭面という一つの側面のみから測定することの限界を理解しながらも, 所得を用いているのは, 所得に関するデータが比較的に入手しやすいからである.

しかし, 海外においては生活水準や生活の質そのものを測ろうという試みが盛んである. 剝奪(デプリベーション)や社会的排除(ソーシャル・エクスクルージョン), 社会品質(ソーシャル・クオリティ)などの研究がそれにあたる. その代表的かつ古典的なものが, 1970年代にイギリスにおいてタウンゼンドが開発し, その後, 一連のイギリスの貧困研究の中で改善された相対的剝奪指標(Relative Deprivation Index)である. タウンゼンドは, 相対的剝奪

を,「人々が社会で通常手にいれることのできる栄養,衣服,住宅,居住設備,就労,環境面や地理的な条件についての物的な標準にこと欠いていたり,一般に経験されているか享受されている雇用,職業,教育,レクリエーション,家族での活動,社会活動や社会関係に参加できない,ないしはアクセスできない」(Townsend, 1993,訳は柴田,1997)と定義している.この定義は,本章の冒頭に書かれた貧困のリスクのとらえ方の中での三つ目,リスクへ対処するリソース(資源)の欠如としての貧困のとらえ方に類似するものである.所得ベースの貧困指標は,ある一定の所得以下であると,このような状態に陥ると仮定しているのに対し,相対的剥奪指標の特徴は,これら,当該社会で期待される生活行動を具体的にリストアップし,それが享受できているかいないかを直接的に指標とする点である.

具体的には,相対的剥奪指標は,以下のように測定される.まず,一般大衆から無作為抽出された調査対象者にどのような項目がその社会において最低限の生活をおくるために必要かどうかを問う予備調査を行う.そして,大多数から「絶対必要である」と答えられた項目をリストアップし「社会的必需項目」とする.「社会的必需項目」には,冷蔵庫やテレビといった耐久消費財から,友人に会う,親戚の冠婚葬祭に出席する,などの社会関係の項目も含まれる.

次に,その社会的必需項目の有無を本調査にて調査し,それらが強制的に欠如している場合(本人の嗜好や選択により欠如している場合を除く)は1,それ以外の場合は0とした二値変数のリストを得,それらを加算したものが相対的剥奪指標である.研究者によっては,項目の重要度に合わせて加算の際にウェイト付けしたり,標準化している例もみられる(Whelan et al., 2002など).

欧米に比べ,日本においては,相対的剥奪の実証研究が非常に少ない.近年の主なものとしては,平岡(2001),阿部(2006b)が挙げられる.中でも阿部(2006b)は,全国対象の独自の調査を用いて,予備調査,本調査のステップを綿密にフォローしている点で珍しいので,ここに紹介することとする.表3は,予備調査の結果をもとに構築された社会的必需項目とその普及率および欠如率(100%-普及率)を表したものである.なお,嗜好による欠如(欠如の理由として,「欲しくない」と答えた人)は,分母,分子ともから除外している.

一般市民の過半数が「絶対に必要である」とした16項目のうち,多くは

表3 相対的剥奪指標に用いられた項目とその普及率

社会的必需項目(16項目)		普及率	欠如率
設備	電子レンジ	98.4%	1.6%
	冷暖房機器(エアコン,ストーブ,こたつ等)	99.1	0.9
	湯沸器(電気温水器等含む)	96.4	3.6
社会生活	親戚の冠婚葬祭への出席(祝儀・交通費を含む)	97.2	2.8
	電話機(ファックス兼用含む)	97.9	2.1
	礼服	97.2	2.8
	1年に1回以上新しい下着を買う	92.2	7.8
保障	医者にかかる	98.2	1.8
	歯医者にかかる	97.2	2.8
	死亡・障害・病気などに備えるための保険(生命保険,障害保険など)への加入	91.9	8.1
	老後に備えるための年金保険料	93.9	6.1
	毎日少しずつでも貯金ができること	75.0	25.0
住環境	家族専用のトイレ	98.8	1.2
	家族専用の炊事場(台所)	98.9	1.1
	家族専用の浴室	97.8	2.2
	寝室と食卓が別の部屋	95.0	5.0

出所:阿部,2006b

*普及率＝欲しくない場合は分母から除く
*欠如率＝100%－普及率

100%近い普及率を保っている．しかし，いくつかの項目について満たされてない状態である人々が存在することがわかる．欠如率が低い項目は，耐久財や住宅関連の項目であり(1%前後)，この率はOECD平均と比較しても少なく(表外)，日本社会が物品的に豊かであることを表していよう．医療へのアクセスの欠如率も少なく，国民皆保険を理念として掲げている日本の公的医療制度の効果がみてとれる．同様の質問について，OECD諸国の平均は10%である(Boarini & Mira d'Ercole, 2006)．しかし，2%近くの人が必要なときに医療を受けることができない状態であることは，無視できない問題である．

欠如が多い項目は，「毎日少しずつでも貯金ができる(25.0%)」「死亡・障害・病気などに備えるための保険への加入(8.1%)」「1年に1回以上新しい下着を買う(7.8%)」「老後に備えるための年金保険料(6.1%)」「寝室と食卓が別の部屋(5.0%)」などである．16項目のうちの上位2つが，将来のリスクに備えるための貯蓄と保険であるということは興味深い．繰り返すが，ここに挙げ

られている16項目はすべて国民の過半数が最低限の生活をするのに絶対に必要であると答えた項目である．つまり，本シリーズのテーマでもある現代のリスク社会においては，リスクに備えるセーフティ・ネットは，もはや，食料や衣服，住居と並ぶ生活必需品となっているのである．しかし，このセーフティ・ネットが一番人々の生活に欠けている項目なのである．逆に言うと，それほどリスクがない社会においては，リスクに備える貯蓄や保険は生活必需品ではなく，それらがなくとも日々の生活水準が満たされていれば十分であった．しかし，今日のリスク社会においては，たとえ日々の生活水準が一定レベルを保っていても，リスクへの備えがない場合には，最低生活以下と考えられるということである．

　剥奪の頻度に加え，重要なのが剥奪の深さである．剥奪の深さは，各世帯の剥奪指標の値によって表すことができる．剥奪指標が高いほど，その世帯の剥奪されている度合いが高い．この分布をみることにより，剥奪の事象が一部の世帯に集中しているのかがわかる．欠如している項目数(剥奪スコア)をみると，回答者の65%は，スコアが0であり，社会的必需項目全てを満たしている．しかし，回答者の35%は，少なくとも一つ以上，14%が二つ以上，9%が三つ以上，必需項目が欠けている状態である．つまり，社会全体の少数派でありながらも，かなりの割合(35%)の人々がなんらかの剥奪を経験しているものの，剥奪が集中しているのは比較的少数(9%)である．これら，剥奪のリスク・グループを詳しくみてみると，中年期(30-50歳代)においても婚姻関係がない，世帯内に傷病者をかかえている，母子世帯となった，など「標準的なライフコースから逸脱」している人々において，リスクが高いことが示唆された．低所得に陥る可能性が高い高齢者や，出費が多く，家計が苦しいと考えられる子どものある世帯などにおいても，「標準から逸脱していない」世帯においては相対的剥奪が特に高いわけではない．また，高齢者と若年者の比較では，同じ所得層であっても，高齢者に比べ，若年者のほうが，相対的剥奪の頻度，深さともに大きくなっている．これは，高齢期においては，過去の所得などの蓄積が，相対的剥奪のリスクを緩和させる働きがあると考えることができる．

　タウンゼンドの相対的剥奪の研究の中で，もっとも著名なのは相対的剥奪指標と所得の関係の分析である．彼は，ある所得(閾値)以下では剥奪指標が急激

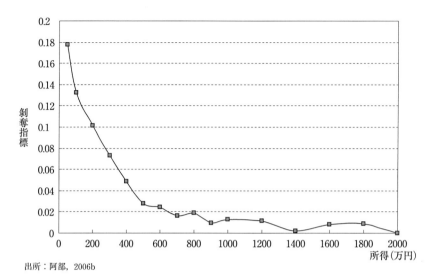
出所：阿部，2006b

図6 所得階級別平均剥奪指標

に上昇することを発見し，この閾値と当時のイギリスの公的扶助基準とを比較した．この閾値は，その後，ヨーロッパの多くの国にても確認されている．阿部(2006b)の分析においても，この閾値の存在が確認され，おおむね世帯年収400-500万円から下の世帯所得において剥奪指標の平均値が急増することがわかった(図6)．

　この数値は，世帯所得の中央値に近く，通常用いられる貧困線や生活保護基準よりも大幅に高い．この一つの解釈は，相対的剥奪の現象は，通常考えられていたよりも，もっと所得が高い段階から，そのリスクが高まるということである．このことは，「世帯所得400-500万円未満」以下の世帯の人々がすべて剥奪の状態にあることを指すのではなく，これらの人々がすべて救済やなんらかの公的介入を必要としているわけでもない．剥奪は，直接的に生活水準の低さを表すので，先にも述べたように，この意味で，所得のみを貧困基準として用いることは最適ではない．しかし，剥奪と所得の明らかな相関関係，および，閾値の発見は，所得が貧困リスクの警報となりえることを示している．具体的には，世帯所得400-500万円以下の世帯に対しても，防貧の予防線を張らなければいけないのである．

おわりに

　本章では，国際比較を交えながら，日本の貧困の特徴と税・社会保障制度の貧困削減効果を論じた．その結果，日本の貧困率は1980年代以降上昇しつつあり，他国の比較では特に高齢者，無子世帯の貧困率の高さ，母子世帯の群を抜く貧困率の高さ，ワーキング・プアの多さ，2人目以降の稼得者の所得の低さなどが特徴的であることがわかった．これらに対応するためには，現行の社会保障・税制度は不十分であり，以下の三つの視点を提案したい．第一に，依然と高い高齢層の貧困率を減少させるために，公的年金に最低生活保障の視点を盛り込むことが必要である．高齢者の最低生活保障の機能をすべて生活保護制度に求めるのは，生活保護制度のパンク状態を引き起こす可能性があり，諸外国にならった公的年金の枠組みにおける最低生活保障が望まれる．第二に，勤労世代(そして付随する子ども層)に対して社会保障制度が貧困増大の要因となっていることを是正しなければならない．貧困の勤労世帯において社会保障のネット移転が負であることは，リスクの連鎖を引き起こし，しいては社会的排除を招く可能性もある．貧困世帯や貧困に近い世帯に対しては，意識して，彼らを社会保障制度に包摂していく姿勢こそが，これからの社会保障制度に求められている．最後に，子どもの貧困の削減は，特に重要な政策課題として認識されるべきである．子どもの貧困を削減する第一義的な手法は，女性の勤労所得と処遇の改善である．それにより，世帯の第2稼得者，または母子世帯の母親の勤労所得が上昇し，子育てをしながら安定した生活をおくることができるようになる．また，二次的な手法として，児童手当，税制度などに，子どもの貧困削減の観点を盛り込むべきである．特に子どもの貧困率が高い母子世帯や多子世帯など，均一な普遍的な給付のみならずピンポイントの政策も必要である．

参 考 文 献

青木紀(1997)，「貧困の世代的再生産——教育との関連で考える」庄司洋子・杉村

宏・藤村正之編『貧困・不平等と社会福祉』有斐閣
青木紀・杉村宏編著(2006),『現代の貧困と不平等——日本・アメリカの現実と反貧困戦略』明石書店
阿部彩(2005),「子供の貧困——国際比較の視点から」国立社会保障・人口問題研究所編『子育て世帯の社会保障』東京大学出版会
阿部彩(2006a),「貧困の現状とその要因：1980-2000年代の貧困率上昇の要因分析」小塩隆士・田近栄治・府川哲夫編著『日本の所得分配——格差拡大と政策の役割』東京大学出版会
阿部彩(2006b),「相対的剥奪の実態と分析：日本のマイクロデータを用いた実証研究」社会政策学会編『社会政策における福祉と就労(社会政策学会誌第16号)』法律文化社, pp.251-275
阿部彩(2007),「日本における社会的排除の実態とその要因」『季刊社会保障研究』第43巻 第1号, pp.27-40
阿部彩・大石亜希子(2005),「母子世帯の経済状況と社会保障」国立社会保障・人口問題研究所編『子育て世帯の社会保障』東京大学出版会
岩田正美(2005),「貧困・社会的排除と福祉社会」岩田正美・西澤晃彦編著『貧困と社会的排除——福祉社会を蝕むもの』ミネルヴァ書房
岩名礼介(2006),「最低所得保障制度の給付基準に関する国際比較」栃本一三郎・連合総合生活開発研究所編,『積極的な最低生活保障の確立——国際比較と展望』第一法規
太田清・坂本和靖(2004),「所得格差と階層の固定化」樋口美雄・太田清・家計経済研究所編『女性たちの平成不況——デフレで働き方・暮らしはどう変わったか』日本経済新聞社
大竹文雄(2005),『日本の不平等——格差社会の幻想と未来』日本経済新聞社
小川浩(2000),「貧困世帯の現状——日英比較」『経済研究』Vol.51, No.3, Jul. 2000, pp.220-231
苅谷剛彦(2001),『階層化日本と教育危機——不平等再生産から意欲格差社会へ』有信堂高文社
厚生労働省(2004),『平成15年国民生活基礎調査』
厚生労働省監修(2006),『平成18年版　生活保護の動向』中央法規出版
国立社会保障・人口問題研究所(2006a),『平成16年度社会保障給付費』
国立社会保障・人口問題研究所(2006b),『「生活保護」に関する公的統計データ一覧』(http://www.ipss.go.jp/s-info/j/seiho/seiho.asp. last access 2007.4.23)
駒村康平(2005),「生活保護改革・障害者の所得保障」国立社会保障・人口問題研究

所編『社会保障制度改革——日本と諸外国の選択』東京大学出版会
佐藤俊樹(2002),『不平等社会日本——さよなら総中流』中央公論新社
柴田謙治(1997),「イギリスにおける貧困問題の動向——「貧困概念の拡大」と貧困の「基準」をめぐって」『海外社会保障情報』No. 118, pp. 4-17
橘木俊詔・浦川邦夫(2006),『日本の貧困研究』東京大学出版会
中川清(2002),「生活保護の対象と貧困問題の変化」『社会福祉研究』83号
浜田浩児(2007),「所得格差の固定性の計測」『季刊家計経済研究』No. 73, pp. 86-94
樋口美雄・法専充男・鈴木盛雄・飯島隆介・川出真清・坂本和靖(2003),「パネルデータに見る所得階層の固定性と意識変化」樋口美雄・財務省財務総合政策研究所編著『日本の所得格差と社会階層』日本評論社
平岡公一編(2001),『高齢期と社会的不平等』東京大学出版会
藤本武(1985),『資本主義と労働者階級——イギリスにおける貧乏小史』法律文化社
山田篤裕(2000),「社会保障制度の安全網と高齢者の経済的地位」国立社会保障・人口問題研究所編『家族・世帯の変容と生活保障機能』東京大学出版会
山田篤裕(2005),「日本における高齢者の相対的貧困・低所得の分析——公的年金制度とそれ以外の所得要素の影響」『日本年金学會誌』第25号, pp. 60-70
Boarini, Romina & Marco Mira d'Ercole (2006), "Measures of Material Deprivation in OECD Countries", *OECD Social, Employment and Migration Working Papers*, No. 37(DELSA/ELSA/WP 1(2006)8)
European Commission(2006), *Joint report on social protection and social inclusion 2006*
Förster, Michael & Marco Mira d'Ercole(2005), "Income Distribution and Poverty in OECD Countries in the Second-Half of the 1990s", *OECD Social Employment and Migration Working Papers*, No. 22, DELSA/ELSA/WD/SEM(2005)1
OECD(2005), *Extending Opportunities : How Active Social Policy Can Benefit Us All*
OECD(2006a),『対日経済審査報告書』
OECD(2006b), *Economic Survey of Japan 2006*, http://www.oecd.org/
Rowntree, Joseph(1901), *Poverty : A Study of Town Life*
Townsend, Peter(1993), *International Analysis of Poverty*, Harvester Wheatshief
Whelan, Christopher, Richard Layte, Bertrand Maitre and Brian Nolan(2002), 'Income Deprivation Approaches to the Measurement of Poverty in the European Union', in Muffels, Tsakloglou and Mayes(2002), *Social Exclusion in European Welfare States*, Edward Elgar, pp. 183-201

第4章
環境リスク削減とその経済的影響

岡　敏弘

　環境へのリスクを減らそうとすると，経済に影響が出る．そうした経済影響にもかかわらず，環境リスク削減政策を実行すべきかどうかを決めるための方法論について本章は論じる．費用便益分析によってその問題に答えを出せるというのが主流経済学の立場だが，それには批判もあり，その方法はなかなか実際には採用されない．本章はその理由を明らかにする．まず，費用便益分析とは何かを述べ，それへの批判を紹介する．そこに新たな問題点を付け加える．それは，「費用」も「便益」も，経済理論の前提を忠実に守るならば，きわめて限定的な概念であり，現実に争点になっている問題に答を出す力を持たないということである．そして，最後に費用便益分析に代わるアプローチを提示する．

は じ め に

　環境汚染や自然の改変などによる人の健康や生態系へのリスク（これを「環境リスク」と呼ぼう）を，公的規制などの政策措置によって減らそうとすると，何らかの経済的影響が出るのが普通である．化学物質の使用が禁止されたり，制限されたりすれば，その化学物質を使用していた産業は，別の物質に切り替えなければならなくなったり，生産方法を変えなければならなくなったり，従来作っていた製品を作れなくなったりする．環境中への排出を規制されることになれば，その物質を扱っていた産業では，その物質を処理したり，封じ込め

たり，あるいは別の物質に切り替えたり，製造する製品そのものを変えてしまったりしなければならなくなる．その産業の製品を利用していた別の産業や消費者もその影響を被り，活動を制約されることになろう．

そこで，そうした経済的犠牲にもかかわらず，リスクの削減につながる措置を実行すべきかどうかが問題になる．本章は，その問題を解くための意思決定の方法論について論じる．

費用便益分析によってその問題に答を出せるというのが主流経済学の立場である．リスク削減に伴う経済的犠牲はその費用によって測られ，それをリスク削減の便益と比較して，後者が前者を上回れば，リスク削減を実行すればよいというわけである．ところが，そのような意思決定の方法は，現実の政策決定にはあまり浸透していない．経済学者以外からはそれに対する批判もある．経済学者の中でも，マルクス派や制度派といった非主流経済学者はかつて費用便益分析を批判していた．

本章では，費用便益分析による意思決定という主流経済学の夢が現実のものとならない理由を明らかにする．まず，費用便益分析が立脚する論理を述べ，費用便益分析をリスク削減政策に適用するために，経済学がどのような概念を作り上げてきたかを説明しよう．これらは幾分言い古されたことだが，費用便益分析の本質を見極めるためには避けることができない．次に，費用便益分析に対してこれまでなされてきた批判をまとめよう．批判の中には誤解もあるから，それを除いて真の問題点を抽出しよう．その上に，新たな問題点を付け加えよう．それは，「費用」も「便益」も，経済理論の前提を忠実に守るならば，きわめて限定的な概念であり，現実に争点になっている問題に答を出す力を持たないということである．そして，最後に費用便益分析に代わるアプローチを提示しよう．

I　費用便益分析とは何か

費用便益分析は，公共事業や公的規制など，公共的意思決定による財の供給の便益と費用とを計測することによってその効率性を判定する道具である．便

益が費用を上回れば効率的とされる．その場合の効率性の概念は，1930年代末に確立した補償原理という考え方に基づいている．

　すべての人の経済状態を改善する経済的変化は「パレート改善」をもたらすと言われる．パレート改善をもたらす変化を効率的であると定義すれば，それは効率性の緩い基準であるので，誰もが受け入れやすい．しかし，現実の経済的変化はすべての人の経済状態を改善するようなものであるとは限らない．一部の人々に利益をもたらす一方で，他の人々に損失を与えるような一般の経済的変化について，その効率性を判定するために考え出されたのが補償原理である．それは，利益を得た人が損失を被った人の損失を仮に補償するとして，なお利益を得た人に正の利益が残るのであれば，現実に補償がなされないとしても，効率的であると見なすという考え方である．仮に補償がなされれば万人の経済状態が改善する経済的変化は「潜在的パレート改善」をもたらすと言われる．経済的変化を効率的と見なすためには，それが潜在的パレート改善をもたらすだけで十分だというのが補償原理の考え方である．

　さて，利益と損失とをどうやって測るか．利益，損失に関してあらゆるものを共通に計測できる尺度は貨幣しかあり得ない．市場で取引される財であれば，貨幣価格をもっているので，その数量を容易に貨幣額に換算できる．費用便益分析の対象とする変化は，公共政策にかかわるものなので，市場価格をもたない財を評価しなければならない場合が多い．リスクの削減という財も市場価格をもたない財の1つである．費用便益分析は，市場で取引される財（「市場財」と呼ぼう）の取引で貨幣価格が果たす役割と同じ役割を，市場で取引されない財（「非市場財」と呼ぼう）について果たすように，貨幣価格を決めるのである．

　財を購入する者の側から見ると，購入した人はすべて，購入によって効用が増すから購入したのである．購入とは財を入手することと引き替えにその対価を手放すことである．購入したということは，財の入手と引き替えに対価に等しい貨幣を手放してもなお効用が増すから購入したと見なせる．その財の価格が上昇すれば，手放さなければならない貨幣が増える．そうすると効用は低下するであろうが，それでも，購入しない場合よりも効用が大きければ，より高い対価を払っても購入するであろう．しかし，価格が引き続き高くなっていけば，やがて，その対価を手放すことの不利益を財の入手が相殺できない点に達

するであろう．財の入手が代金の手放しを相殺するところから相殺できないところへと切り替わるちょうど境目の価格を「支払意思額(WTP：willingness to pay)」と呼ぶ．WTPとは，それと引き替えにある財を手に入れたとき，効用が不変であるような対価のことである．

一方，財を売却する者の側から見ると，売却した人はすべて，売却によって効用が増すから売却したのである．購入の場合と対称的に考えると，財を手放す際に，効用を不変にとどめる取得金額というものがあるであろう．これを「受入補償額(WTA：willingness to accept)」という．販売するために財を製造している企業の場合，受入補償額は製造・販売にかかる費用に他ならない．そのような費用をまかなえない対価で財を売り続けることはできないし，費用を上回る対価が得られれば売却しない理由はないからである．

ところで，同じ財に対するWTPは人によって異なる．その財に全く興味のない人のWTPはゼロであろう．負のWTPをもつ人すらいるであろう．財がある価格である数量だけ市場に供給されていて，購入者の全員が価格を上回るWTPをもっており，かつ，その他にも価格を上回るWTPをもっている人がいるとすれば，需要はその時供給されている量によって満たされていないことになる．その時，供給の増える余地がなければ，価格以上のWTPをもつ人すべての需要が供給量の範囲に入るように，価格が上昇するであろう．供給が増える余地のある場合には，その価格以上のWTPをもつ人すべてが購入できるように供給が増えるであろう．いずれの場合も，ある価格で購入したいと思うすべての人の需要が満たされたとき，最後の1単位へのWTPがちょうど価格に等しくなっているであろう．最後の1単位のことを「限界単位」と言う．ここのWTPを「限界WTP」と呼ぶと，価格は限界WTPに等しくなっている．供給の側から見ても同様のことが言えるとすれば，市場取引において価格は限界WTAに等しくなっているであろう．

WTP・WTAという概念を使って市場取引の性質をまとめてみれば，市場で現に売買が行われているときには，支払う対価以上のWTPをもつ人だけが購入しており，受け取る対価以下のWTAをもつ人だけが売却しており，かつ，価格は限界WTPおよび限界WTAに等しいということになる．その結果，どの取引を見ても，WTPが必ずWTAを上回っている．効用を不変にとどめ

る対価というWTP・WTAの定義から，WTPがWTAを上回るという事実が，パレート改善を生むことと対応していることがわかる．

そこで，費用便益分析は，便益をWTPで，費用をWTAで定義する．つまり，費用便益分析は，非市場財にもWTPがあると見なし，これを，その財を入手することによる便益の大きさと定義する．この便益の定義は，非市場財にも市場財にも当てはまり，当然ながら，貨幣そのものを入手することの便益はその貨幣額である．また，費用便益分析は，市場財であろうと，非市場財であろうと，WTAを，その財を手放すことによる費用の大きさと定義する．貨幣そのものを手放すことの費用はその貨幣額である．

公共政策の結果，ある非市場財が供給されるとき，その便益は，それへの人々のWTPの合計で測られる．規制によって環境の質の改善という財が供給されるならば，その改善に対して人々が払ってもよいと思う金額の合計がその便益である．そのために規制を受けた産業に一定の貨幣額で表される支出が必要になれば，それが費用である．そのように定義される便益が費用を上回れば，このリスク削減は効率的と見なされる．しかし，市場取引の場合と異なるのは，便益が費用を上回っても現実のパレート改善が起こるとは限らないということである．市場取引の場合は，1個1個の財の取引すべてについてWTPがWTAを上回るので，すべての人の経済状態が現に改善したのであるが，公共政策によって供給される非市場財は，集合的に供給され，多くの人が同時にそれを享受し，また，対価を徴収されることがない．例えば，環境の質の改善という非市場財は，多くの人が享受するが，彼らのWTPは均一ではないから，利得の大きさは人によって異なる．また，その財を供給するための費用は，直接には規制を受けた産業での費用上昇という形で，産業によって負担されるが，そのいくらかは，その産業の製品の価格上昇を通じて消費者によって負担される．その費用を負担した消費者が同時にリスク削減便益の享受者であることがあり得るが，その消費者自身が得た便益の大きさ，つまり，彼がリスク削減に対してもつWTPの大きさが，費用負担分を上回るとは限らない．

便益が費用を上回るということによって保証されるのは，WTPの総計がWTAの総計を上回るということだけである．ここで力を発揮するのが補償原理である．WTPの総計がWTAの総計を上回るとき，まさに潜在的パレート

改善が必ずもたらされると言えるのである．損失の総額がWTAの総計に他ならないから，これはWTPの総計である利得の中から，確実に補償されうる．これが費用便益分析の論理である．

II　リスク削減への費用便益分析の適用

このような費用便益分析の論理は1930年代末には確立し，1950年代には公共事業の分野に適用されるようになっていたが，環境政策への適用には問題が多いと思われていた．その理由は，人の健康や生態系への悪影響を減らすことへのWTPを，日常の商品を買う際のWTPと同じような，有限の意味のある値として考えることが難しかったからである．特に，健康や生態系への悪影響を発生させるという変化の費用は，それのWTAで測らなければならないが，それが有限の値として存在するとはとても思えない．そのことは，死亡や取り返しの付かない障害を残す健康影響を考えてみればすぐわかるだろう．人の生命に値段を付けることができないというのは常識である．

このような行き詰まりを打開したのは，「リスク」の概念である．リスクとは悪影響の発生する確率のことである．誰でも，ある程度のリスクの中で生きており，日々の行為の選択がそのリスクを大きくしたり小さくしたりする．その中から，人は自分にとっての効用が高くなるように選択をしていると主流経済学は考えたのである．例えば，少し高価だが安全性のすぐれた自動車を買うという選択，あるいは，少し危険だが安価な交通手段を選ぶという選択を人は日々行っている．そのような選択行為の中に安全性向上へのWTPや危険性上昇へのWTAが現れるはずだと考えたのである．

死亡や病気といった重大なことは，起こるかどうかが不確実であって初めて，有限の値段を付けることができるというわけである．このような考えを初めて提唱したシェリング(Schelling, 1968)は，死亡の確率の上昇によって失われるものを，確定的な生命と区別して「確率的生命(statistical life)」と呼んだ．そして，確率的生命(1単位)を救うことへのWTP，あるいは，それを失うことへのWTAを「確率的生命の価値(VSL：value of a statistical life)」と呼ぶよ

うになった．VSL は，死亡の確率の増減への WTP・WTA をその確率の変化分で割ったものである．

VSL の概念が確立すると，その計測が行われるようになった．リスクと金銭との間で人が選択している場面としてまず注目されたのが，労働市場である．労働災害や職業病の危険度の違いが賃金に反映されていれば，そこから，特定の危険度をもつ仕事を選ぶ労働者の，リスク増減への WTP・WTA が観察できると考えられたのである．70 年代の米国での実証として，テーラーとローゼン(Thaler and Rosen, 1975)やビスクシ(Viscusi, 1978)のものがある．イギリスでも同様の計測が行われた．

労働市場を用いた VSL の計測は，賃金リスク研究と呼ばれるが，これは，比較的危険な職業に就いている人の VSL を計測できるにすぎないという欠点があった．そのような人の VSL は，そうでない一般の人の VSL に比べて低い可能性がある．また，労働リスクでの VSL を，公共的なリスクに適用してよいかという問題もあったから，他の計測方法が求められた．しかし，労働市場のように事実上リスクが売買されていると見なせるような適当な市場があまりないので，現実の市場に頼らない方法が追求された．それは，WTP・WTA を直接質問によって聞き出すという方法である．この質問法による VSL の計測にジョーンズ-リーら(Jones-Lee et al., 1985)の研究がある．日本では柘植ら(Tsuge et al., 2005)による計測がある．

テーラーとローゼンが求めた VSL は 1967 年物価で 13 万 6000-26 万ドルであった．ビスクシは，1969 年物価で 60 万-176 万 9500 ドルという値を得た．ジョーンズ-リーらの VSL は 50 万-170 万ポンドであった．環境政策に使うべき VSL を決めるために，様々な推定方法による VSL をレビューしたフィッシャーらは，1986 年価格で 160 万-850 万ドルが VSL の妥当な値であるという結論を出した(Fisher et al., 1989)．米国の大気浄化法の規制の事後的評価では，VSL の値として 480 万ドルが採用された(U.S. Environmental Protection Agency, 1997)．柘植らの求めた VSL は 3 億 5000 万円であった．これらから，米国，イギリス，日本の VSL は 1 億-10 億円の範囲にあると見てよさそうである．

確率的生命の価値の概念が確立した 1970 年代はまた，環境リスクの定量的な評価が始まった時期でもある．それは，発がん物質の危険を評価するという

課題の中から生まれた．有害物質の毒性には一般に閾値，つまり，それ以下であれば影響が出ず安全であるという値があると考えられてきた．閾値があるのなら，人がその物質に曝されたり，摂取したりする量が，その閾値を超えないように規制すればよいという考え方が基本になりうる．ところが，発がん性をもつ物質については，がんが遺伝子の傷から生じるというということがわかり，遺伝子を損傷させるという作用に閾値が想定できないとすれば，発がん性にも閾値がないかもしれないという考えが出された．閾値がなければ，安全水準を決定できない．少しでも曝されれば，がんが起こる可能性があるということになる．しかし，その可能性，つまり確率が，曝される量によって変わるという事実に注目がされた．閾値がないということは，安全水準を決定できないが，他方で，定量的なリスクの評価が可能になるということでもあったのである．

　このリスクの定量的な評価が，確率増減へのWTA・WTPという貨幣価値評価と結びつきやすいことは容易にわかるだろう．定量的リスク評価が基礎となって，環境リスク削減政策の費用便益分析が可能になったのである．

III　直ちにわかる費用便益分析の限界

　費用便益分析が上に記したような基礎に基づいていることから直ちに出てくる限界がある．費用便益分析は補償原理に基づいているが，補償原理では，補償は仮になされるとすればと仮定されるだけで，損失が実際に補償されることを要求しないので，現に経済状態が悪化する人がいることを排除しない．そこで，リスクが特定の人や集団に集中して，1人あたりでは相当大きなリスクがあっても，それを減らすための費用の総額がリスク削減便益を上回れば，削減策は費用便益分析によって正当化されない．よって，特定集団に集中したリスクは放置されることになる．

　また，これは現実のパレート改善が起こるとしても残る問題だが，貧富の差があるとき，貧しい人が享受する便益は，中身が同じであっても，富裕な人の享受する便益よりも，金額で小さくなり，被る費用もまた，貧者のそれは富者のそれよりも小さくなる．便益はWTPであり，WTPは支払能力に依存する．

支払能力は所得や富によって決まるから,富者の WTP は貧者の WTP よりも大きくなるのである.WTA もまた富や所得に依存してその大きさが変わる.このことは,貧者に費用を負わせ,富者に便益を与えるような経済的変化は,便益が費用を上回る可能性が強く,効率性の基準を満たしやすいことを意味している.そうした基準による選択は,貧富の差を固定化し,拡大する傾向をもつ.

　以上の 2 点はともに分配の問題と言われるものである.最初のものはリスクの受け手とリスク削減者との間の分配の問題である.後者の問題は,貧者と富者との間の分配の問題である.前者は,費用便益分析が分配の問題を扱うことができないことを示し,後者は,費用便益分析の結果が分配に依存して変化することを示している.そもそも,分配の問題を排除して,純粋に効率性を判定する道具として,費用便益分析は開発されたのであるが,実は排除しきれず,分配に依存してしまうのである.

　分配の問題が,効率性の問題と並んで,経済の重要問題であることは疑いないから,分配を考慮することができないという点に,費用便益分析の限界があることは明らかである.だから,日本の産業公害問題で,政策判断に費用便益分析を適用することへの拒否があったのは当然なのである.また,所得水準が 30 分の 1 の国の VSL は現に 30 分の 1 くらいになるという事実は,所得差のある国にまたがる環境問題に費用便益分析を適用することを無意味にするだろう.

IV　制度派・マルクス派からの批判

　環境政策に費用便益分析を適用することに対しては,早くから環境汚染に着目していた制度派経済学やマルクス経済学からの批判があった.

　カップは,私的企業の活動がもたらす社会的害悪に着目して,これを「社会的費用」と呼び,どれだけの社会的費用が発生しているかを計測したが,貨幣価値での社会的費用の計測の限界をむしろ強調した.カップによれば,貨幣の尺度で計測が可能なのは,賃金や産出量の損失,医療費,農業被害,補償費,

清掃費,浄水費など,被害の修復や防止のための金銭的支出がある場合だけであって,美的価値,レクリエーションの価値,健康そのものの価値などは,市場価値以外の尺度を用いて初めて計測しうるものであると言う(Kapp, 1963, p. 264).

そうした無形のものを含めてすべての社会的費用を定量化するという課題は,結局のところ,社会的評価の問題に行き着くが,社会的評価は科学としての経済学にとっては未決の問題であって,むしろ政治の領域に属すると見なした(同, pp. 22-23).カップにとっては,経済学者が力を注ぐべきことは,私的経済活動と社会的損失との因果関係を明らかにすることと,人間にとって許容可能な環境の質の限度を明らかにすることである.経済学は,空疎な消費者選択理論から脱却し,人間にとって不可欠な欲求とそうでない欲求とを区別する客観的な理論を打ち立てた方がよいというのが彼の立場であった(Kapp, 1970, pp. 846-847, 邦訳 p. 18).

華山謙も,カップと同様に,公害の被害を金銭的に評価することへの疑問を呈したが,加えて,補償原理に対する批判も述べている.すなわち,「公害の被害者の受ける苦痛は,成長によって所得の上昇した人々からの補償によって癒えるものだという仮定は,公害の被害者の身体,生命に及んでいる現実を見るとき,とうてい支持できる仮定ではない.その意味で,"仮定的補償定理"(補償原理と同義)を環境問題に当てはめることは,明らかに間違いであ」ると述べて,批判している(華山, 1978, p. 188).

補償原理は実際に補償がなされることを要求しないのだから,補償原理に対するこの理解は誤解であるが,現実にも補償はなしえないと主張しているのだから,補償が仮のものにすぎない補償原理はもっと強く批判されていることになる.

マルクス経済学者宮本憲一は,公害の被害の中で,人間の健康の破壊,自然・文化の荒廃は,貨幣的に秤量できないものであり,その中には再生不能の絶対的損失となって現れる場合があると述べ,貨幣的に秤量できるものだけを「社会的費用」と呼んで,貨幣的に秤量できないものも含めた被害の全体は「社会的損失」と呼ぶべきだと主張した(宮本, 1976, p. 165).マルクス経済学は,財の価格は本質的にはそれを生産するのに投じられた直接間接の労働量に

よって決まるとする労働価値説を採るから，労働を投じて生産されていないものは本来無価値である．したがって，自然や健康などは，労働生産物でない限り，貨幣価値を持ち得ないというのは，マルクス経済学では当然のことである．

V プラグマティズムからの批判

シャピロとグリクスマン(Shapiro and Glicksman, 2003)は，米国における現行のリスク規制を批判する者たちが依拠する費用便益分析を批判した．リスク規制の批判者たちは，費用便益分析に基づいて，現行のリスク規制が，取るに足りないリスクを削減するために莫大な費用をかけていて効率が悪いと主張していると彼らは言う．

シャピロとグリクスマンは，批判者たちの立場を功利主義と見なしている．人の効用そのものを計測できるものと見て効用の総和を最大化するという枠組で社会的選択の問題を解こうとする立場を功利主義と定義するならば，現在の費用便益分析は効用そのものを計測可能なものとは見ておらず，WTP・WTAによって定義される便益と費用の計測だけに立脚しているので，功利主義に基づいているとは言えない．しかし，計測された単一の数値で，社会的選択にかかわる事柄の価値を表し，それによって意思決定をするという立場を，広い意味で功利主義と定義すれば，費用便益分析は功利主義に基づいていると言ってもよいかもしれない．しかし，費用便益分析は功利主義だという性格付けは，その正確な意味に気を付けていないと勇み足的な批判に結びつく可能性がある．

シャピロとグリクスマンの費用便益分析批判の核心は，プラグマティズムと功利主義との対立の中に求められる．上に書いた広義の功利主義の特徴は単純な意思決定原則をもっているということである．実際それが依拠する原則は純便益極大という単純なものである．それに対して，米国における現行のリスク規制の法体系は複雑であって，それは単純な原則では理解できない．単純原則をもたないことは欠点かもしれないが，現行体系を統一的に理解する概念がプラグマティズムだと，彼らは言うのである(Shapiro and Glicksman, 2003, p.46)．

プラグマティズムは，人命と環境に特別の価値を置き，それを貨幣価値と比

較可能なものとは見なさない．また，人命と環境がどこまで保護されるべきかという決定を，個人が所有する富の大きさに依存させない．にもかかわらず，規制の費用に配慮し，経済発展という目的も重視する(同, p.49)．そして，保護される人命および環境の価値が費用をかけるに値するかどうかを考える．ただし，貨幣価値という単一の尺度にそれを置いてそうするのではない．その枠組には分配や正義を含めた衡平(equity)の観点を入れることができる．

　プラグマティズムについて述べられたこうした特徴がどのように矛盾なく現実の意思決定に結びつくかは，具体的な例に即して見ないとわからない．それについては後で述べるが，この観点に基づいて，費用便益分析は次のように批判される．第1に，功利主義の下では個人は総効用への一寄与へと還元されてしまい，個人が尊重されなくなる(同, p.50)．第2に，費用便益分析は，人命・環境に特別の価値があるという常識と相容れない(同, p.51)．第3に，WTPやWTAは所得や富に依存する(同, pp.55-57)．第4に，費用便益分析は公共政策選択の場面での個人をも消費者として扱い，消費者としての個人と市民としての個人とを区別しない(同, p.59)．第5に，費用便益分析は被害を補償することと被害を防止することとを区別しない(同, p.64)．第6に，確率的生命は虚構であり，死の痛みを反映しない．確率的には人は死なない(同, p.64)．第7に，費用便益分析は人が完全に合理的であることを前提にしているが，現実は限定された合理性しかもたない(同, pp.65-66)．第8に，リスク規制批判者たちの便益の推定値は過小であり，費用の推定値は過大である(同, pp.106-107)．

VI　便益概念の問題

　このような，主流経済学の外からの批判の中には，主流経済学の論理で反論できるものもある．例えば，被害補償と被害防止との区別については，費用便益分析が事前のリスクだけを対象にするようになった以上，すべて防止について評価しているのであって，補償は別問題であると言ってよい．補償原理は何も被害の補償について云々しているのではなく，被害が起こる前のリスク増加

VI 便益概念の問題

への補償,または,リスク削減対策費の補償を問題にしているのである.「絶対的損失」はそもそも対象としないし,確率的生命が虚構であるとの批判については,現にその確率を減らすためにお金を払っている人や,お金を節約して代わりに確率の増加を受け入れている人がいるのだから,それは実在していると,主流経済学は言うだろう.どの批判点が費用便益分析にとって致命的なのかを見極めなければならない.そのために,上の議論では気づかれていない問題点を見つけていこう.

便益とは,上で述べたようにWTPである.主流経済学の消費者選択理論では,人の効用の原因となる財について,WTPは当然存在すると仮定している.しかし,これを直接見ることはできない.人が物を実際に購入したとき,WTPはその対価を上回るに違いないと推定できるのみである.とはいえ,市場財については,現実に購入行為が日々行われていることが,WTPが実在することの強力な証拠となっている.

これに対して,購入という行為がない非市場財について,WTPが存在するという証拠はない.WTPが存在するに違いないと,単に仮定されているだけである.

人は,病気にかかるリスク,事故に遭うリスク,職業上のリスク,事件に巻き込まれるリスク,天災に遭うリスクなど,様々なリスクに囲まれて生活している.その中には,自分で制御できるリスクと,自分では制御できず,自然や社会の状態が与えたリスク水準を受け入れるしかないものとがある.個人が制御できるリスクについては,人はこれを最適に制御している,つまり効用を最も大きくするように行動を選択してリスクを制御していると,主流経済学は仮定する.そのような行動の中には,安全をお金で買う(あるいは売る)といったものも含まれ,そこにWTPやWTAが顕れると考えているのである.

自分で制御できるリスクの中でも,リスクの種類によって削減へのWTPの値は異なるかもしれない.それは人がどの種類のリスクを重視しているかによる.事故のリスクに比べて病気のリスクを重視し,それを回避することに多くのお金を支出する人の場合には,病気のリスクへのWTPは事故のそれよりも大きいと見なすべきである.費用便益分析は個人のWTPを究極の客観的所与と見なすから,個人が,異なるリスクに異なる値を与える以上,異なる値を使

うべきだということになる(Mishan, 1988, pp.349-350). これは費用便益分析の基礎前提から見て正当である.

しかしながら,異なったリスクに異なった値を付与するべきだとなると,リスクの種類毎にWTPを計測しなければならず,個人の現実の選択からそれを観察できる場面が限られている以上,直接質問によってWTPを聞き出す質問法に頼らざるを得なくなる.しかし,質問法には仮想性の難点がある.質問法では,リスクを減らす商品を仮想的に設定し,ある価格の下でそれを購入するかどうかをインタビューやアンケートで問い,その答からWTPを推定するが,設定があくまでも仮のものなので,出てきた値がどこまで現実に近いかを確かめる術がないのである.

それでも,日頃買い慣れた財と似た財を購入するという設定なら,現実の購買行動の際のWTPと近い値が得られるかもしれない.しかしながら,買い慣れた財と似た財があるくらいなら,質問法で聞き出すまでもない.買い慣れた財と似た財がないからこそ,質問法が必要になるのである.そして,リスク削減のWTPでは,多くの場合,一定量のリスク削減に対するWTPを得たいので,例えば10^{-4}だけ死亡率が減ることに対していくら払うかというように,ある確率の減少分に対するWTPを聞き出そうとする.日常的に,確率の増減を意識して行為を選択していることはまれであるから,これはたいそう答えにくい問いになってしまう.

この問題は,自分で制御できないリスクの削減へのWTPを得るという,費用便益分析のそもそもの要請を満たそうとすると,無視できない重要性をもってくる.費用便益分析は公共政策を対象とするものであり,それによって削減されるリスクは個人が制御できないリスクである.自分で制御できないリスクこそ,まさしく,買ったこともない財である.それへのWTPはもちろん観察できないから,質問法に頼らざるを得ない.その際,個人的な制御不可能性という財の性質を保持しようとすると,質問の中で,それを購入するというシナリオを描きにくくなる.そこで,公共的にそれを削減するというシナリオを提示してWTPを問おうとするが,自分で購入するという設定ができないので,本当の支払意思を聞き出すことができないというジレンマに陥るのである(岡, 2006, p.193).

WTPを聞き出そうとするのであれば，個人の行為によってそれを制御できるという設定にしなければならない．そうすると，それは制御不可能なリスクではなくなるから，制御可能なリスクへのWTPを制御不可能なリスク削減の便益として流用するという当初の使用法に戻らざるを得ない．こうして問題は振り出しに戻る．

ここに現れている問題は，公共的に提供される，個人では制御できないリスク削減の便益を，個人が制御できるリスクの削減へのWTPによって評価してよいかという問題である．費用便益分析はそうしてよいという仮定の上に立つ他ない．しかし，社会の常識はそれを受け入れないように見える．だからこそ，公共政策でリスクを減らすとき，個人が払うであろうよりもはるかに高い費用をかけているのではなかろうか．

VII　費用概念の問題

リスクを削減するための費用は，リスク削減の便益よりも，ずっと強固な客観的な基礎をもっているように見える．それは，リスク削減便益はどうしても非市場財供給の便益でなければならないのに対して，削減のための費用はほとんどが市場財使用の費用によって測られるからである．リスク削減のために，汚染物質を処理する設備を導入し，それを運転することの費用は，すべて市場で調達できる財の購入にかかる費用として測定できる．リスク削減のために従来使用していた物質をより高価な物質に切り替えるという場合も，その費用は市場財調達の費用である．

しかし，そのような費用も，客観的に安定して存在するものではない．リスク削減対策が，生産工程から切り離されてそれだけで存在するのであれば，その費用の特定は比較的容易である．排水処理や排ガス処理によって，特定の物質の環境への排出を抑える場合，そのような処理工程を通常の生産工程に付加するのであれば，その費用を特定することは比較的容易であろう．しかし，実際のリスク削減対策はもっと複雑である．

例えば，アスベストのリスクを減らすために，アスベストを使用しない建材

を新たに開発するという場合,アスベストの代替財としてパルプ繊維やガラス繊維が使われる.それによって,アスベストを使う場合よりも原料費が高くなったり,製品の強度が低下したり,収率が低下したりする.それは費用であるが,例えば,パルプ繊維でも,良質の古紙がうまく調達できれば,費用は安く抑えることができる.また,収率の低下は技術の改良によって抑えることができる.そうしたことができるかどうかは不確実であり,費用は,やってみて事後的にしかわからない.しかし,事後的には,技術改良も材料の調達も他の部分と一体になったものであったりすれば,アスベストの切り替えのために余分に掛かった費用は,他の費用の中に埋もれてしまってわからなくなっているかもしれない.それを後で分離して示すことは難しい場合が多い.

実際の過程は,アスベストを使わないようにするという至上命題がまずあり,にもかかわらず,かかった費用を製品価格に転嫁はできないから,価格が同じで元の製品と同じ程度の品質を保つ製品を懸命に開発するというものであろう.その場合,アスベストを含まない製品を作ったためにその企業の利益が減っているということがわかれば,それが費用と見なせるが,そのような利益の減少は滅多に観察されないし,アスベスト廃止のせいだとわかることは滅多にない.製品開発のために費やした技術開発費が費用だとも見なせるが,その開発費を他の分野に回していたらもっと利益が上がったかどうかすらわからないし,その開発の過程で思わぬ副産物が生まれているかもしれないことを考えると,厳密に言えばそれは費用かどうかわからない.

何よりも,技術革新がどれだけ進むかわからないから,リスク削減のための費用は事前には決してわからない.事前に推定された費用の大きさは往々にして過大であり,事後的には小さくなることが多い.

このように,費用というのも捉えにくいものである.費用を一番知っているのは費用をかけた企業であって,その情報を外から観察するのは難しい.ところが,その企業自身もリスク削減費用がどれだけかということを厳密には把握していないのである.

Ⅷ　費用と経済的影響

　リスク削減政策の経済への影響として，一般に懸念されていることは，企業収益の減少，売上の落ち込み，解雇，廃業，失業の増加などであろう．これは真の社会問題である．上で書いたことからわかるように，リスク削減の費用は，それらの問題を必ずしも表さない．費用が上がっても失業が増えるとは限らないし，費用が下がっても失業が増えるかもしれない．

　まず，同じ業界のほとんどすべての企業に同様の費用の増加をもたらすような規制であれば，その業界は費用の増加を製品価格に転嫁することによって対処するだろう．このとき，費用の最終負担者は消費者になる．消費者がいくらかの価格上昇を被るというのが，費用の最終的帰結である．そのような影響であれば，金額として総費用は大きく出るかもしれないが，産業への影響は少なく，大きな社会問題とはならない．

　費用の増加を製品価格に転嫁できない場合というのは，産業の競争が激しい場合であろう．その時，規制の導入を機に廃業に追い込まれるような企業が出てくる可能性がある．しかし，それは一方で，規制を機に勝ち組となった企業もあることを意味する．1つの産業が潰れてしまうというような影響は，その産業が経済的に重要であれば，考えにくい．1つの産業が国内で衰退し，外国からの輸入に取って代わられることはあり得る．それは一国経済としては真の社会問題である．しかし，そのことを費用で測ると大きい値にはならない．むしろ費用はマイナスかもしれない．なぜなら，その国でその産業の供給する財を作らなくてよくなったということは，その生産に使われていた労働その他の資源が解放され，他の生産に振り向けられうることを意味し，それは労働その他の資源費用の節約に勘定されるからである．

　ある国で世界に先駆けて規制を導入することは，逆に，その規制に対処できた企業を競争上有利にする可能性がある．企業はすべての規制に反対するわけではなくて，ライバル企業よりも対処が容易だと思われる規制には積極的に賛成する傾向がある．その企業が立地する地域にとってもまた規制は歓迎される

べきことになる．BSE の規制が厳しいことは，一部の畜産農家にとっては好ましいことである．

重要な社会問題は，産業対産業，企業対企業，地域対地域の競争の中にある．その競争で敗れると，敗れた集団には大きな経済的影響がある．リスク削減をねらった規制は，その勝ち負けに影響を与えることは確かだが，一部の集団を有利にもするから，一概に悪影響ばかりとは言えない．多くの場合，規制が何らかの費用の増加をもたらすことは間違いないが，費用の増加は，競争上の重要問題を表さないのである．

リスク削減のために社会が被る経済的犠牲として最も広範囲に及ぶものは，GDP の落ち込み，あるいは経済成長の落ち込みであろう．費用の概念はそれをも捉えることはできない．まず，排出抑制その他のために設備投資が行われたとすると，それは費用には違いないが，最終需要として GDP を押し上げるのであって，GDP の落ち込みにはつながらない．次に，リスク削減策のために余分に労働が必要になる場合，それが最終需要を構成する製品の価格上昇を招くのみで他の影響をもたないならば，それは実質 GDP の低下を意味する．しかし，名目 GDP には影響がない．必要労働の増加が利潤の減少によって相殺されて価格上昇を招かないならば，実質 GDP は不変である．リスク削減策が，最終需要を構成する製品の原材料費の増加を招き，それが，賃金及び利潤を減少させるか，または，製品価格の上昇を招くならば，実質 GDP は減少する．

輸出入への影響がある場合は費用と GDP との結びつきはもっと弱くなる．国内産業の大きな部分が仮にリスク削減政策によって衰退したという場合，貿易黒字の減少（あるいは赤字の拡大）によって GDP は減少するだろうが，上で述べたように，それは費用としては現れない．逆に，規制によって国内産業の競争力が増す場合があるが，それで貿易黒字が拡大すると，GDP は増える．しかしその場合，費用は増えているだろう．

こうしてみると，リスク削減策が GDP を減少させるのは，原材料費および労働費用の上昇が製品価格の上昇をもたらす場合か，原材料費の上昇が賃金・利潤の減少をもたらす場合だけである．現実にありそうなケースは，徐々に着実に起こる生産性の上昇の中に，原材料費と労働費用の上昇が吸収されてしま

ってわからなくなるというものであろう．実際，GDPに対しては，需要変動の影響が圧倒的であって，環境規制によってGDPが減少した例を見つけるのは難しい．それはともかく，費用便益分析において測定しうる費用は，GDPへの影響を直接には表現しないのである．

GDPという指標が一国の経済的福祉を表現していると言えるのは，生産性上昇がGDPの成長として現れるからである．生産性の上昇がどのような原因で起こるのかはよくわかっていない．環境リスクの規制が，生産性の上昇にどのような影響を与えるのかもまた，何とも言えない．規制があって，リスクを減らさなければならないということがはっきりしていれば，そのための技術開発が活発になるとは言えるだろう．環境対策のための技術開発が，他の分野の技術開発の邪魔になることもあるかもしれない．しかし，技術の波及効果によって他の技術開発をむしろ促進したかもしれない．この問に答を与えるような，技術開発過程についての十分な実証はないが，環境対策が阻害的であったという話はほとんど聞かない．

ともかく，人々の経済的福祉に最も重要な影響を及ぼす技術進歩について，費用の計測が何も教えてくれないことは確かである．

以上のことから，費用便益分析には次のような欠陥があることがわかる．

① リスク削減の便益は，非市場財へのWTPがあることに依存しており，WTPが存在しなければ，無意味な概念となる．
② リスク削減のためにかかる費用は，予測し得ないし，事後的にも曖昧である．
③ 費用という概念は，産業の盛衰，地域の盛衰，失業といった真の社会問題を表現しない．
④ 費用という概念はGDPの水準と関係が薄い．
⑤ 費用という概念は技術進歩の程度と関係がない．

これらは，便益・費用概念の静学的，部分分析的性格の必然的帰結である．

第4章　環境リスク削減とその経済的影響

IX　プラグマティックなリスク規制の例

　費用と便益の計測にはこのような限界がある．にもかかわらず，リスク削減政策の経済的影響は重要であり，それを考慮しなければならない．このことは，我々を，シャピロとグリクスマンが主張したプラグマティズムの枠組に引き戻す．そこでは，費用や経済発展への規制の影響は考慮されるが，必ずしも単一の貨幣尺度に還元した単純な原則に基づいてなされるのではないと言われた．具体的に経済的影響がどのように考慮されるのかを実際の例に即して見てみよう．

　シャピロとグリクスマンは，米国のリスク規制の様々な法体系で採用されている考え方はプラグマティズムで解釈できると言った．例えば，有毒物質規制法(TSCA：Toxic Substance Control Act)は，ある化学物質が健康や環境への不当なリスク(unreasonable risk)をもたらすことを連邦環境保護庁(USEPA：United States Environmental Protection Agency)が見出した場合に，その化学物質を，最も負担の小さい方法で規制するとされているが，リスクが「不当(unreasonable)」であるとは，その物質の便益で正当化できないくらい重大だという意味である．その物質の便益とはその物質を規制した場合にかかる費用と同じだから，これは，その物質のリスクと，規制にかかる費用との比較衡量を求めているのである．しかし，その場合の比較は費用便益分析の枠組での比較ではない．

　実際，この条項の最初の適用事例としてEPAが1989年に提案したアスベスト全廃規制では，1987年から2000年にかけて，その規制のために，4億5889万ドルの費用がかかると推定された(アスベスト代替品の価格低下が起こらないという想定の下では8億651万ドル)(U. S. Environmental Protection Agency, 1989, p.29484)．しかし，規制の便益は，少なくとも202件の発がん回避(時間割引をする場合では148件の発がん回避)という，貨幣額ではない形で示された(同，p.29485)．この規制には大きい費用がかかるが，にもかかわらず，この規制は正当化されるとEPAは主張した(同，p.29487).

IX　プラグマティックなリスク規制の例

その理由は次のようなものである．第1に，アスベストの利用量は1984年から1987年にかけて，24万トンから8万5000トンへと落ち込んでおり，その必要性が下がっている．第2に，費用の大半(3億7540万ドル)は消費者が負担するものであり，13年間にわたるものなので，1人あたりの負担額は取るに足りず，生産者が負担する部分についても，代替品や他の産業への移行が進めば大した負担にはならない．第3に，現に起こりつつある代替品の開発とそれに伴う価格低下を，費用の評価は十分には反映していない．第4に，がん回避件数の不明な部分はゼロと見なしているので，便益の方は明らかに過小評価である．また，この規制案は，代替品の利用しやすい用途から順に脱アスベストを進めていき，期待された代替品開発が実現しなかった場合には規制の猶予があるなど，柔軟な措置を入れていた．

しかし，連邦第5巡回区控訴裁判所は，全廃以外の代替案では公衆の健康が十分守れないことをEPAが論証していないとして，この規制を違法とした．シャピロとグリクスマンは，この判決は，EPAに過度の分析的完全性を要求するものであり，合理性に限界があることを無視するものだと非難している(Shapiro and Glicksman, 2003, p.137)．EPAによるアスベスト規制の規制影響分析を紹介したオーガスティニアクは，環境規制の立法化では，通常は規制の大枠が決まってから，経済分析は規制の影響を見るためだけに行われるのであり，それが規制の決定に大きな影響を及ぼす論争を引き起こすとは，誰も予期しなかったと述べている(Augustyniak, 1997, p.198)．彼はまた，規制影響分析を行った分析者自身，もれている便益が多く，分析を信じていなかったとも述べている(同, p.199)．

このアスベスト規制案は，シャピロとグリクスマンの言うプラグマティズムがよく現れている例である．リスク削減の費用と便益とが比較されるが，便益は貨幣額ではなく，発がん数の減少として評価されている．がん1件を何ドルで救うかという費用効果指標も追求されていない．しかし，経済的影響は考慮され，段階的廃止と猶予とを使って，無理のない廃止経路を求めている．

アスベスト全廃は米国では失敗したが，ヨーロッパや日本は，その後全廃に向かって進んでいった．しかし，その歩みはゆっくりしたものであって，日本では，石綿の消費量(輸入量)は1980年代末をピークに着実に減った(図1)とは

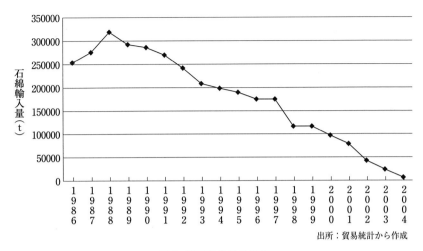

図1 石綿輸入量の推移

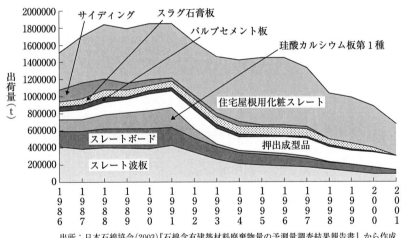

図2 石綿セメント製品出荷量の推移

いえ，90年代半ばに増加した住宅屋根材としての利用（図2）が一段落した後の2004年に主要な用途への使用が禁止され，すべての用途について完全に禁止されたのは2006年である．

それでも，化学工業や鉄鋼業で高温・高圧・酸などの環境下で使用される配

IX プラグマティックなリスク規制の例

管の継ぎ目などへの使用は例外として禁止が猶予されている．このように，アスベストの規制は，代替品の利用可能性や安全性に配慮しながら，最小限の経済的影響の下で進められてきたのである．

別の例として外来生物の規制を見てみよう．2005 年に施行された外来生物法は，人の生命・身体，農林水産業，生態系に被害を与える外来生物を特定化外来生物として指定し，その輸入，飼養，保管，運搬，譲渡を原則禁止する．原則の例外は学術研究や生業に使用する場合であるが，その場合，生物の野外への逃亡を防ぐための措置をとらなければならない．

ある生物の種類を特定外来生物に指定するかどうかを決める基準は，それが被害を与えるまたは被害を与えるおそれがあるかどうかである．被害の対象としては，上記のように人の身体・健康，農林水産業，生態系の 3 つが挙げられているが，この法律の最大の眼目は生態系被害にある．基本的に被害またはそのおそれの有無によって指定が決まるが，指定されると厳しい規制がかかるので，指定に際してはその社会経済的影響も考慮するというのが基本方針になっている．

特定外来生物への指定に際して経済的影響が問題となったものにセイヨウオオマルハナバチがある．これは，トマトやなすなどの受粉のためにビニルハウスの中で使用されている外来のハチであり，これがハウスから逃げ出して野外に定着し，在来のハチや植物の生息生育環境に影響を与えていることがわかってきたのである．特に，セイヨウオオマルハナバチが増えているところでは在来のマルハナバチが減っていたり，在来種とセイヨウオオマルハナバチとの間で種間交尾が起こっていたり，セイヨウオオマルハナバチが訪花した植物で果実や種子の形成に悪影響が出たりしていることがわかったことで，被害のおそれが確認された．

しかし，これを使用している施設農業に経済的影響があることは明らかである．そこで，施設からのハチの逃亡を防ぐ措置が可能かどうかが検討された．その結果，施設にネットを張って逃亡を防止し，使用後のハチを確実に処分することを農業での使用許可の条件とすることとして，セイヨウオオマルハナバチは特定外来生物に指定された．逃亡防止の措置にかかる費用が，ハチを用いた施設での出荷額の 0.6-1% 程度であり，その費用は将来にわたって低下する

であろうという推定(岡, 2006)は，規制の経済的影響が許容範囲であることの1つの根拠と見なされた．

この例では，費用便益分析どころかリスクの定量的評価すら行われていない．しかし，現実の規制の意思決定は，このように定性的情報を組み合わせてなされるのが普通である．

X　意思決定方法論はどこへ向かうべきか

上で見たように現実の意思決定は，定量的な情報がある事項もあれば定性的な情報しかない事項もあり，ある事項の情報は豊富だが，ある事項の情報は欠落しているという中で，何らかの根拠をもって行わざるを得ない．情報も意思決定の根拠もいつも十分とは限らず，むしろ不十分な場合が一般的である．現状は理想とは言い難いが，これを改善しようとする場合にどちらの方向へ向くかは重要である．

費用便益分析へ向かうべきだというのであれば，今後充実を図るべきことは，リスクの定量的評価，確率的生命の価値の推定，死亡以外の健康被害回避のWTPの推定，リスク削減費用の定量的評価ということになろう．しかし，費用便益分析に多くを期待すべきでないということであれば，努力を傾けるべき対象は変わってくる．それを検討してみよう．

シャピロとグリクスマンは，人間の合理性に限界があるということを強調し，それを，功利主義的最適化が不可能であることの根拠とした．限定された合理性しかもたない消費者はそもそも効用最大化などしていない．そのとき消費者がどのような行動をしているかについて，彼らは何も述べていないが，現実の消費者は，効用極大原理ではなく，満足原理に従っているということは，限定合理性の概念を提唱したサイモン(Simon, 1956)によってつとに指摘されているところである．

満足原理とは，品質はこれ以上，性能はこれ以上，予算はこの範囲といった最低条件を決めて，それ以上はそれらの要素の改善を追求せず，最初にその条件を満たすものが見つかったらそれを選ぶ，あるいはその条件を満たすものの

中から他の要素を考慮に入れて 1 つ選ぶ, というやり方である. 公共政策の意思決定も限定合理性の下にあるとすれば, 満足原理というのは有力な考え方である. 実際, 政策決定はそれに基づいていると解釈できる場合が多い.

例えば, 生涯発がんリスクで 10^{-5} の確率のリスクに対応する濃度なり曝露量なりの水準を環境基準とし, 現実がそれを満足している限り, それ以上の改善を政策的には要求しないというのは満足原理に従っていると言える. その際, 経済的影響は考慮されない.

そう解釈した場合, 科学的にリスクには閾値がないとしても, 意思決定上は, 10^{-5} 以下のリスクを事実上安全と見なしたのと同じである. しかし, 10^{-5} を超えるととたんに危険になるわけではなく, 徐々に危険度が増すにすぎないということに注意する必要がある. 10^{-5} を超えた領域で「不当なリスク」があるかどうかを決めなければならないのであり, その際, 経済的影響を考慮しなければならない.

経済的影響には, 費用, 産業全体への影響, 雇用への影響などがあり, それらの全体を捉えるには, 技術的対応可能性や, 技術開発の動向や, 関連する産業での競争の状態や, 雇用の状態を精査する必要がある. それらの多くは定性的評価にとどまるであろう. また, リスク水準を 10^{-5} 以下に下げることを目標としてそのための政策的措置をとるが, その中で大きい費用のかかる対策は猶予するとか, 段階的に導入するといったやり方も必要になる.

費用の定量的評価は産業への影響を知る上で有効であり, 追求すべきである. リスクの定量的評価もまた有効であり, 追求すべきである. しかし, リスク削減量と費用とを組みあわせて, リスク削減 1 単位あたりの費用とか, 人命 1 件を救うのにかかる費用といった, リスクと費用とを直接一気に考慮しうる指標を追求することは, 満足原理からは必要ないということになる. むしろ, 先に, セイヨウオオマルハナバチの規制について示したように, 影響を受ける産業での売上に占める規制対応費用の比率の方が, 規制の経済的影響を知る上では適切な指標である. 1 人命当たり 100 億円もかかる規制でも, かかる金額そのものが数千万円にすぎず, 売上の 0.1% にしかならないといった場合には, 規制の経済的影響は小さいと見るべきであろう.

リスク削減 1 単位当たり費用といった, リスクと費用とを組み合わせた指標

の値を求めることは，費用効果分析の一種と見なされる．費用効果分析が有効なのは，本来，所与の目的のために費用を最小化するということが可能な場面に適用する場合である．排出者の他の活動との関係でどのような対策がとられるかが具体的には特定しにくかったり，事前にそれを知り得なかったり，技術開発の程度がわからないといった事情で，事後的な本当の費用がいくらになるかわからない状況では，そのような指標を適用した結果，費用最小化が本当に実現する保証はない．そうした手法が有効なのは，費用推定に必要な情報が容易に得られる，一組織内の活動の効率化を追求する場面である．企業の内部の経営改善のためにはそれは有効だろう．多数の企業が対象となる規制の場面ではそれは有効ではないだろう．

公共政策でそうした費用効果分析の手法が有効なのは，公共事業の分野であろう．そこでは，政府という組織の内部の事業の効率化が問題になるからである．ごみ焼却施設のダイオキシン対策やPCB処理事業のように，リスク削減が公共事業で行われる場合には，あるリスク水準を最小費用で達成したいという目的のために，リスク削減1単位当たり費用という指標が有効に使えるだろう．それに対して，民間部門を規制することによってリスク削減をしようという場合は，リスク1単位当たり費用を算出して示すことは，それ自体興味深い社会経済分析ではあるが，意思決定に利用しようという文脈では，あまり意義のあることとは思われない．

おわりに

費用便益分析は制度化された学問の中に地歩を占めており，継続的に教育されているから，費用便益分析こそ規制の経済分析の最も高度な標準的手法であるという観念は，今後も産み出され続けるだろう．しかし，費用便益分析に，本章で示したような難点があるとすれば，その環境規制への適用は，現実によって拒否され続けるだろう．公共的意思決定に携わる人は，その努力の効率的な支出を考えなければならない．経済学者には，カップが述べたように，他にやるべきことがあると思われる．

参 考 文 献

岡敏弘(2006),『環境経済学』岩波書店

華山謙(1978),『環境政策を考える』岩波書店

宮本憲一(1976),『社会資本論[改訂版]』有斐閣

Augustyniak, C. M. (1997), 'Asbestos', Morgenstern, R. ed., *Economic Analysis at EPA: Assessing Regulatory Impact*, Resources for the Future, pp. 171-203

Fisher, A., L. G. Chestnut and D. M. Violette (1989), 'The Value of Reducing Risks of Death: a Note on New Evidence', *Journal of Policy Analysis and Management*, 8, pp. 88-100

Jones-Lee, M. W., M. Hammerton and P. R. Philips (1985), 'The Value of Safety: Results of a National Sample Survey', *The Economic Journal*, 95, pp. 49-72

Kapp, W. (1963), *The Social Costs of Business Enterprise*, Asia Publishing House.

Kapp, W. (1970), 'Environmental Disruption and Social Costs: a Challenge to Economics', *Kyklos*, 23, pp. 833-848, in Kapp, 1975, 邦訳 p. 2-21

Kapp, K. W. (1975), *Environmental Disruption and Social Costs* (K. W. カップ著, 柴田徳衛・鈴木正俊訳(1975),『環境破壊と社会的費用』岩波書店)

Mishan, E. J. (1988), *Cost-Benefit Analysis: an Informal Introduction*, 4th ed., Unwin Hyman

Schelling, T. C. (1968), 'The Life You Save May Be Your Own', in Chase, S. B., Jr. ed. *Problems in Public Expenditure*, Brookings Institution

Shapiro, S. A. and R. L. Glicksman (2003), *Risk Regulation at Risk: Restoring a Pragmatic Approach*, Stanford University Press

Simon, H. (1956), 'Rational Choice and the Structure of the Environment', *Psychological Review*, 63, pp. 129-138

Thaler, R. and S. Rosen (1975), 'The Value of Saving a Life: Evidence from the Labor Market', *Household Production and Consumption* ed. by N. E. Terleckyj, Columbia University Press, pp. 265-298

Tsuge, T., A. Kishimoto and K. Takeuchi (2005), 'A Choice Experiment Approach to the Valuation of Mortality', *Journal of Risk and Uncertainty*, 31, pp. 73-95

U. S. Environmental Protection Agency (1989), '40 CFR Part 763 Asbestos; Manufacture, Importation, Processing and Distribution in Commerce Prohibitions, *Federal Register*, Vol. 54, No. 132, Wednesday, July 12, 1989

U. S. Environmental Protection Agency (1997), *The Benefits and Costs of the Clean Air Act*, 1970 to 1990, EPA 410-R-97-002

Viscusi, W. K. (1978), 'Labor Market Valuations of Life and Limb: Empirical Estimates and Policy Implications,' *Public Policy*, 26, pp. 359-386

第5章

正社員と非正社員のリスク

永 瀬 伸 子

　非正規雇用という働き方が若者や女性を中心に大幅に拡大している．しかし賃金水準は低く，雇用も不安定である．またパートやアルバイト経験を採用の際に積極的に評価しない企業も少なくない．このような働き方がなぜ広がっているのか，どのような社会的保護の制度の拡充によって，忙しすぎる正社員と，時間は自由だがきわめて低賃金の非正社員という2つの働き方の距離を埋められるのかを考察する．それは正社員と専業主婦という家族モデルにかわる新しい仕事と家族形成のための社会的保護の制度を考えることでもある．

はじめに

　近年，正社員ではなく，非正社員，すなわち，パート，アルバイト，契約社員，派遣社員，嘱託社員などの仕事に就く者が増えている．しかし，正社員と比べて，非正社員はさまざまな意味で不安定である．この不安定な仕事に35歳以下の独身男女の2割から3割が就いている．たとえば学校を卒業後もアルバイトの仕事を続けたとしよう．もともと短期の仕事なので契約期間が終了する前に別の仕事を決めておかねば失業することとなる．若いうちは親も元気で短期の失職はあまり問題とならないかもしれない．しかしファーストフードの接客業や販売の短期の仕事に就いていたとして，企業側はそもそも短期雇用を

前提としているから，訓練量も少なく技能蓄積がほとんどされない．技能が蓄積されずに加齢したとすれば，年齢が上がるにつれて仕事探しが困難となっていく．また独立生計をたて家族を形成しようと思っても，非正規雇用の仕事は一人で独立できないくらい低賃金である場合がほとんどであり，そうした希望もままならなくなる．

そもそも，大きく変動する経済の中で，人生が85年から90年近くにも伸びた今，仕事を持ち，家族や近隣とのネットワークを持ち，長い高齢期に対応した収入源を備え，安心した暮らしを続けることは容易なことではない．生活リスクを緩和するために，正社員に対しては，解雇ルール，昇進や賃金に関するルール，年金保険や医療保険，育児休業制度など，さまざまな安心の仕組みが作りだされてきた．しかしそうした枠組みから外れた働き方をする非正社員が現在大きく増えている．非正社員でいることは，どのようなリスクに向き合いがちとなるか，それなのに，どうして非正社員として働いている男女が増えているのか，背景要因について検討し，リスクを緩和するためのルールについて考察する．

I なぜ非正規雇用が拡大しているのか

(a) 企業側の要因
―― 長期雇用として抱えられる雇用者の縮小

なぜ正社員でない働き方が拡大しているのだろうか．

非正規雇用の拡大は，日本だけでなく他の先進諸国で広がっている．たとえば Montogomery(1988)，Tilly(1991)は，福利厚生などの雇用コストが低いことを，Autor(2003)は常用雇用者の解雇コストが高くなるという法規制変化要因を，非正規雇用拡大の要因として指摘している．Bernhardt and Marcotte (2000)は，明らかに安定した仕事と賃金，昇進機会を提供する内部労働市場が米国で縮小しているとする．Houseman and Osawa(2003)は日本では常用雇用者に対する賃金改革の余地が限られていることが非正規雇用を拡大している一因として説明し，玄田(2004)は中高年比率が高い企業ほど若年採用が減少して

いることを示している．

　1990年代以前の日本の非正規雇用の拡大と，これ以降の拡大はやや色彩が異なるように見える．まず1970年代，80年代にパート雇用が大きく拡大したが，その主因は経済のサービス化や人手不足，女性の家事育児負担の軽減である．小売業や飲食店は忙しい時間帯がある．家事労働が軽減された女性をその時間帯に雇うことで，企業は安く労働力がまかなえ，一方有配偶女性は都合の良いときに働ける．

　しかし1990年代，特に1998年以降の日本の非正社員の伸びは，それ以前のものと異なる性格を持つと考えられる．非正規雇用が若年男女に広がっていったからである．国内の人口減少と高齢化の見通しは，国内需要見通しを全般に低下させている．一方，経済のグローバル化の中で，企業は，より労働コストの安い海外に生産拠点を置くようになっていった．そこで企業の多くが，長期雇用者の新規採用を大きく絞り，かわりに（フルタイムで必要な人員であるとしても）必要な時に必要なだけ雇える有期雇用者の割合を増やした．経済不況と競争の激化の中で，仕事を見直して，仕事内容を簡単にし，これを短期雇用の者に担わせることが，コスト削減につながるため，そうした努力が熱心になされ，比較的単純な仕事と大きいコミットを必要とする仕事に，仕事を分けていった．太田(2006)は，1995年以降，25-34歳男性の賃金格差が広がり，低所得者が増えたことを示す．橘木・浦河(2007)は，1995年から2000年に就労世代の単身世帯の貧困率が上がったとし，主因を，失業と有期雇用の拡大としている．

　企業がなぜ非正社員を雇うのだろうか．厚生労働省『有期雇用労働に関する実態調査』(平成17年実施)による事業所調査の結果によれば，まず一番構成比が大きい「短時間パートタイマー」に関して言えば，一日，週の繁忙時間への対応が52%，人件費削減が51%であり，繁忙時間への対応とコスト削減が最大の雇用理由である．またパートやこれに類する名称で呼ばれるフルタイムの非正社員(「その他のパートタイマー」)については，人件費削減が54%と最大の理由である．

　最近増加している「契約社員」(ここではプログラマー，機械・電気技術者など専門的職種に従事し，雇用契約期間を定めて雇用される者と定義されてい

る)はパートと異なって,専門的な能力を有する人材を一定期間確保・活用するためが41%,人件費削減が39%である.つまり一定期間の専門能力活用と,コスト削減が最大の雇用理由となっている.また「正社員としての適性を見るため」も契約社員では19%回答されており,他の非正規雇用とは異なっている.しかし結局は,コスト削減が雇用理由の1つとして大きい.有期雇用全体でみると,コスト削減が1位の52%であり,2位の繁忙時間への対処(39%)を引き離し,最も大きい雇用理由となっている.

しかも今後も非正社員の雇用が上昇すると見ている事業所は,500人以上企業の3カ所に1カ所であり,大企業において,非正社員の活用が今後も強まると見られる(平成15年『就業形態の多様化に関する実態調査』).

(b) 個人の側の要因——多様な生き方を希望する者の増加

個人側の要因もある.1980年代のパート社員の主力は,家事労働が軽減され,また夫の収入が期待ほどは伸びなくなったサラリーマン世帯の主婦であった.

1990年代に入ると,残業が多く,長時間就業であり,入社後に配属が明らかになるまで仕事内容が明確にはわからない正社員という働き方を嫌う若者も増えてきた.働く時間を選択することができ,具体的にどんな仕事をするかを選ぶことができ,さらに気にいらなければ簡単にやめることもできるアルバイトやパート,派遣といった柔軟な働き方を魅力に思う者がいるのも確かである.

また人生が長くなり,生活が豊かになるなかで,働く時間を自分の都合に合うように選びたい,子育てが終わってから仕事に戻りたい,あるいは,今の仕事を見直し,再度教育を受け,再び仕事に就きたいなどといった希望を持ち,いったん離職し再就職する者も増えてきた.

長期雇用者への入り口は新卒者に対してもっとも広いのが日本の雇用慣行であり,入社年次に対応した処遇がなされてきた.そのような年功的な処遇は縮小されてはいるものの,離職期間のある者や中途参入者,中高年者が正社員として雇用される道筋はまだそれほど広くはない.

その結果,ある者は労働時間の自由度から自ら望んで,またある者は仕方なしに非正社員の仕事に就いている.小杉(2004)は,首都圏の高校生を対象にし

た調査から，高卒非正規就業者の半数は，進路について考えてこなかったり，自由で気楽で気軽に収入を得たいからだったりの理由で非正規就業に就いた者であり，半数は求職過程の何らかの段階で正社員就職をあきらめた者だとしている．

ただし全体の傾向としては，仕方なく非正規の仕事に就く者が増えている．「正社員として働ける会社がなかったため」現在の仕事に就いている者は，派遣労働者の40%，契約社員の36%であり，フルタイムで常用的に働く社員を見ると，約4割が，「仕方なく」現在の仕事に就いている（平成15年『就業形態の多様化に関する実態調査』）．一方，同じ調査では「パートタイム雇用者」については仕方なく就いたと回答したのは2割にとどまり，家計や学費補助目的が約4割，自分の都合の良い時間に働けるが4割弱であり，当面の追加収入目的として働きたいという回答が多い．ただし非正社員に占める「派遣社員」や「契約社員」の割合は，依然低いものの，上昇傾向にあることから，余儀なく非正規社員の仕事に就いている者は，全般に上昇している．さらに，今後希望する働き方としては，「正社員」を挙げる者が，契約社員の92%，派遣労働者の89%，パートタイム労働者の86%にのぼる．おそらく，非正社員と正社員との格差が実感されるためではないかと考えられる．

(c) 技術革新要因——IT革命と経験の陳腐化

有期雇用者の拡大には，コンピュータ技術の発達も大きい背景要因となっている．これまで重要であった経験による知識や職場の生き字引的な知識の価値を減少させたからである．たとえば，コンビニのPOSシステムは，顧客の需要動向を知り，商品の補充を効率的に行う複合的なシステムとなっている．このようなシステムがなければ，季節の需要の波や地域の需要特性を知る店員の経験はより高い価値を持つことになる．しかし，POSシステムがうまく運営されたことにより，従来であれば評価された地道な経験や知識の一部は，コンピュータに凌駕されるようになってしまった．阿部(2005)は，情報通信技術を利用している企業ほど，コア人材の必要性が高まるという方向性がある一方で，そうした企業ほど非正社員雇用が高いということも示している．

大学生の就職活動も，コンピュータ技術によって大きく変化した．1998年

から 1999 年に，インターネットを通じた応募に就職活動が切り替わった．インターネットでの応募は，応募の機会費用を下げ，よく知られた特定企業への応募を集中させた．その結果，企業はより多くの学生から人を選択することができるようになり，応募者もより多くの企業に応募できるようになったが，一定企業への集中が起きたため，そうした企業の説明会に出る権利を得ることが，就職活動の第 1 関門となった．不況期と重なったこともあり，場合によっては，1 年就職活動をしても，一度も実際の就職説明会に行けない学生が出てきたのである．学生が企業の採用担当者との直接のコンタクトするための障壁が高くなり，このことも，いつの間にか非正社員の職に就く新卒者を増やしたと思われる．

(d) 規制変化要因——規制改革が見落としているもの

現行規制，あるいは，規制改革により非正社員が拡大したということもある．多様な働き方が増えるような，需要側，供給側，あるいは技術面からの構造的な変化があったとして，ではどのような形で，多様な働き方が形成されていくかは，規制のあり方にも大きく依存する．そこでこの点は，別に節をたててみていくことにし，まずは，格差の現状を見てみよう．

II 正社員と非正社員の格差の実態

(a) 賃金と訓練量の格差

個人にとっては，柔軟な働き方という積極的な側面もあって広がった非正規雇用は，労働時間の自由度は高く，また容易に雇われやすいというメリットはある．しかし賃金水準，雇用条件，昇進見通し，雇用の安定性など，多くの点で正社員を大きく下回っている．

図 1 は 18-19 歳賃金を 100 とおいた場合の性別年齢階級別の賃金変化である．男性常用雇用者は，50-54 歳が賃金のピークで平均的に 18-19 歳賃金の約 3 倍に増加する．女性常用雇用者の賃金の伸びはより小さく，ピークが 35-39 歳層で約 2 倍である．ところが短時間雇用者の賃金の伸びは，男性は，せいぜい

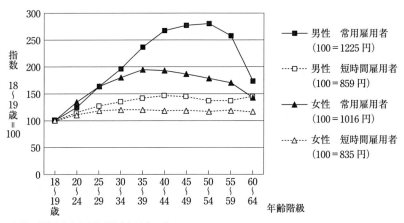

出所)『賃金構造基本統計調査』平成18年
注) 常用雇用者については決まって支給する給与および年間賞与その他特別給与額を1日あたり所定内労働時間数から時給換算．短時間雇用者については，年間賞与を1日あたり所定内労働時間数から時給換算し1時間あたり所定内給与額に上乗せして算出

図1　常用雇用者と短時間雇用者の平均時給——性別，年齢階級別推移

1.5倍，女性にいたっては年齢による変化はほとんど見られない．賃金水準そのものについても，短時間雇用者は低い．なお図1は短時間雇用者についてのみを見たものであるが，フルタイム非正社員を取り上げても，傾向は基本的にはほとんどかわらない．若い年齢階級についてはやや差が縮小するのみである．

賃金がなぜ年齢とともに上昇するのだろうか．経験によって生産性が上昇し，さらに役職の昇進によって上昇すると考えれば，非正社員は，仕事の内容が浅く，仕事から得られる訓練量が少ないため，長期間勤務したとしても生産性の上昇が少ない働き方，また昇進機会も乏しい働き方と言えるだろう．

(b) 雇用の安定性の格差

雇用の安定性に対する満足度も，図2のとおり，雇用契約の終了時期について定めのない正社員と，定めのある非正社員とでは，後者で不満が高いものとなっている．もっとも不満が高いのは，派遣社員である．雇用契約期間が数カ月の者が多いからだろう．また契約社員も4人に1人が不満を持っている．短時間パートについては，不満はより低いが，フルタイムで働くパート(その他パート)においては，契約社員とほぼ同程度の不満が見られる．

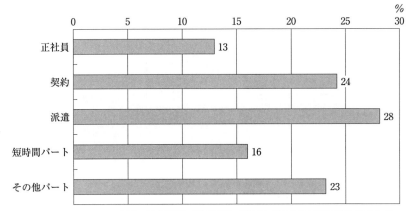

出所）厚生労働省『就業形態の多様化に関する総合実態調査』平成15年
注）雇用の安定性に対して不満，やや不満な者の合計

図2　雇用の安定性に不満を持つ者の割合

III　不安定雇用からどれだけ容易に抜け出せるのか，誰が不安定雇用に入るのか

(a) 不安定雇用からの脱出の可能性

このように非正規雇用は賃金，訓練，雇用の安定性など，さまざまな点で問題がある．しかし当面，こうした働き方に就いたとしても，やがて安定雇用に移動できるのならば，失業と安定雇用の間をつなぐ雇用として，問題は少ない．

逆に，いったんこうした働き方に就くと，抜け出しにくいとすれば問題がある．何らかの事情で「非正社員」となった場合に，これを抜け出せないのだとすれば，1998年から2003年の新規採用が大きく下落した時期に就職市場に出た若者達は，それ以前や以後の世代と比べて所得上，恒久的なダメージを与えられたということになる．

そこで誰がどれだけ抜けだしているかを見たものが図3である．総務省『労働力調査』の労働力調査特定調査票[1]から，過去1年間に転職し現在有職である者のうち，前職が非正規雇用の何割が現職正規雇用と回答したかを図示した．

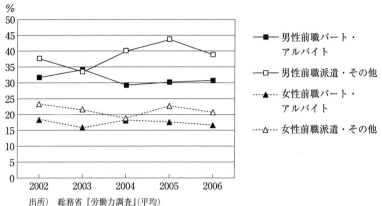

出所) 総務省『労働力調査』(平均)
注) 過去1年間に仕事を移動した者について,現職が正社員であり,前職がパート・アルバイト,派遣・その他である者の割合

図3 過去1年間に仕事をかえた非正社員のうち,正社員に移動した者の割合

前職がパート・アルバイトで,過去1年間に転職した者のうち,正社員に転職した者は,男性は約3割,3人に1人に満たない程度である.さらに女性については,前職がパート・アルバイトで転職した者のうち,15%程度,6人に1人しか正社員に移動していない.

また前職が派遣・その他である者の正社員への転職は,男性はやや高く,特に景気回復により求人が増えた2004年以降は,これ以前の3割台から,40-45%にまで上昇している.一方女性については,派遣・その他から正社員への移動は,パート・アルバイトからの移動よりはやや高いが,しかし5人に1人程度である.

ただしこの図は非正規雇用から正規雇用への移動のしやすさを直接に示したものではない.正規雇用に移動することを望んでいても,果たせそうもないため転職していない者は含まれない.あくまでも,非正社員で仕事を移動した者に限ってみた場合に,正社員へと転職した者が何割かという数字である.女性にとって正社員に移動することが男性以上に容易ではないことは,明らかに示

---

1) 労働力調査は同じ世帯について2年間にわたり4回調査を実施する.労働力調査特定調査は,その最終回に実施される.労働力調査の調査開始月は1月から12月までであり,特定調査票は毎月回収されているため,特定月に偏っているということはない.

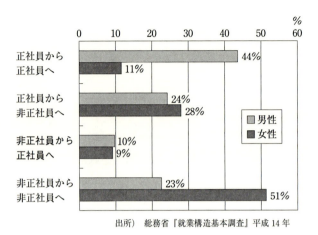

出所）総務省『就業構造基本調査』平成14年

図4 過去1年間の転職者の従業上の地位の構成

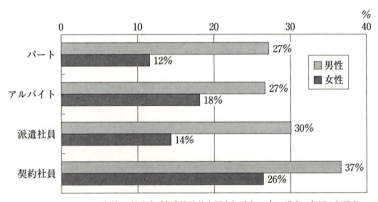

出所）総務省『就業構造基本調査』平成14年，過去1年間の転職者

図5 前職が非正社員である者が過去1年間に正社員に転職した割合

されていると見られる．

続いて，図4は，総務省『就業構造基本調査』を用いて，平成14年について，過去1年間の転職者について，前職の従業上の地位との関係をみたものである．

非正社員から正社員になったという話はそう多くないという感触を持つ読者は多いだろう．統計もそうした実状を示している．男性転職者の半数弱は，正

社員から正社員への転職であり，女性転職者の半数は，非正社員から非正社員への移動である．前職が正社員だったが非正社員になった者は，2割強から3割弱いる．しかし逆に，非正社員だったが正社員になった者は，男女ともに，過去1年間の転職者のうち，1割程度に過ぎないのである．

続いて就業形態別に，前職がパート，アルバイト，派遣社員，契約社員別に，過去1年間に正社員に転職した比率を見ると(図5)，契約社員の場合，もっとも正社員に移動しているという特徴がある他には，やはり女性は正社員に移動していないという男女格差が見られる．

(b) 非正社員になるリスク

誰が非正社員になるリスクを被っているのだろうか．

パートという働き方に満足している者もいる．満足している者の多くは，独立生計を立てる必要がない者に多い．かつて不安定雇用者について，主に主婦や学生，すなわち独立生計の必要がない者が非正社員という形を選んで働くと言われていた．

しかし今日，学校を卒業した若年に非正規雇用が大幅に増えているのが一つの特徴である．また女性も，独立生計を望みながら，非正社員に就く者が多い．

図6は独身男女の6割程度しか，正社員に就いていないことが示される．残りはパートやアルバイト，派遣・嘱託，そして無業や不詳などである．

非正社員に誰がなりやすいのか，また一旦なったとして，果たして抜け出せているのか，黒澤・玄田(2001)が若年層の分析を行っており，男性と比べて女性が抜け出しにくいこと，また男性は学歴が高いほど非正規から抜け出しやすいが，女性はほとんど学歴の効果がないことを示している．また失業率が高いほど，抜け出しにくいことを示している．

しかも日本は，米国と比べても，非正規就業にとどまることのコストが高いと見られる．Ferber and Waldfogel(2000)は，パートであることが賃金をどれだけ下げるか，短期の影響と，長期の影響を調べているが，(男性については負の効果がやや大きいものの)女性については，現在賃金を5％，過去のパート経験が4％引き下げるとしているのみである．また Green and Ferber (2005)は，女性に限れば，自分で望んでパートで働いた場合は，フルタイムで

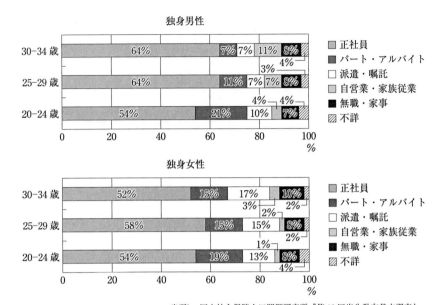

出所) 国立社会保障人口問題研究所『第13回出生動向基本調査』

図6 独身男女の就業形態別従業者構成

働く経験と同様に，その後の賃金を引き上げる効果があるとしている．

一方，日本では，たとえば永瀬(2004)が，学歴や，勤続，年齢，企業規模，職種等が賃金に与える影響を考慮した上でも，なお「呼称パート」であることは，正社員に対して男性は17％，女性が22％，賃金を下げる効果があると推計している．また日本において就業中断が賃金に与える影響は一層大きく，永瀬(2003, pp.251-252)は女性が35歳以後に現職に就いた場合，その後の賃金はほとんど横ばいで上がらないこと示している[2]．

---

2) 権丈・グスタフソン・ウェッツエルス(2003)は，イギリス，西独，オランダ，スウェーデンにおいて，パートや有期雇用であることが常用雇用と比べてどのくらい賃金が低いかを推計している．説明変数はやや異なるが，女性を見ると，パートであることは，英国で10％，西独で14％，賃金を引き下げるが，オランダとスウェーデン，東独では統計的に有意な差をもたらさないという結果を示している．ただし有期雇用の場合は，オランダやスウェーデンも1割程度賃金が低いと示されている．なおドイツでは，有期雇用であることが4割も賃金を下げるという結果も示している．

Ⅳ　不安定雇用に対する
　　社会的保護が薄いのはなぜか

　このように日本の不安定雇用は，そこから抜け出しにくい．また社会的安全ネットの整備が薄いのも一つの特徴である．なぜそのような特徴があるのかといえば，欧米諸国と比べて，高度成長と低失業期が続いたこと，長期雇用が成功した体験があることなどから，不安定雇用者に対する法整備が遅れていることが大きいのではないかと考えられる．

　第Ⅰ節で述べた，企業側，個人側の要因，そして技術革新要因は，程度の差はあれ，多くの国で見られるものである．しかし実際の正規雇用者と，有期雇用者，パートタイム雇用者等の働き方，賃金格差，雇用の安定性は，国によって大きいバリエーションがある．国々のバリエーションに大きい役割を果たしているのが，規制のあり方である．日本の規制のあり方は非正規雇用の保護に遅れをとっているといえよう．

(a) 不安定雇用の戦後史

　不安定雇用が日本でどのように議論されてきたのか，歴史を振り返ると，戦後は，製造業における「本工」「臨時工」の賃金や雇用の安定性の格差問題として大きく取り上げられた．しかしその後，日本が高度成長期に入り人手不足が恒常化したため，「本工」採用の入口が大きく広がった．「臨時工」の本工採用がすすんだことから，臨時工の待遇そのものを変えていくという議論へとはあまり発展しなかった．本工の労働条件や賃金体系が議論の中心となっていき，臨時工の問題への関心は薄れていった．

　その後，雇用の調整弁の役割は，「有配偶女性パート」が果たしていくようになる．有配偶女性の家族ケアニーズを満たすよう労働時間選択に一定の自由度を確保しつつ，低賃金で雇用するというスタイルが，1980年代に各産業で確立していく．この時代には，1986年施行の第3号被保険者の創設もある．そして中年女性の多くが，こうした「家計補助的な」働き方をしていくように

なる.

パートの低賃金を不当とする議論もあったが,家庭に軸足を置くかわりに低賃金でも良いとして女性が選んでいる働き方だという議論が少なからずあったため(たとえば仁田・大沢論争(仁田, 1993;大沢, 1993;同, 1994)),不安定雇用の問題が幅広い社会の問題として本格的に取り上げられることはなかった.

(b) 1998年以降の不安定雇用の一般的な労働市場の新規参入者への拡大

この客観的条件が大きく変わったと一般にも認識されるようになったのは,1998年の金融危機と企業倒産,そして企業のリストラの持続によって,若年男女の多くが,望んでも正規雇用に入れなくなった頃からである.またリストラされた男女や,離別や生涯シングルの女性の増加により,生計維持を望む者が家計補助的な賃金しか得られない中で,非正規雇用の労働条件に大きい関心が払われるようになった.

たとえば,男性の雇用者にしめる正社員比率は1984年で85%,バブルのピークの1991年で83%,98年も依然82%を保っていたが,98年以降の下落は顕著であり,2006年には74%になっており,かわりにアルバイトや契約社員が増えている.特に20-24歳層では,雇用者の4人に1人が非正規社員となっている.

一方,女性については,景気動向にかかわらず一貫して正社員比率は下がっている.1974年には68%が,1991年に60%,1998年に55%,そして2006年には45%である.この間,1984年に24%だったパート・アルバイトが,2007年には38%と一貫して増加.また2000年以後,契約社員や派遣社員も増加している.女性については,20-24歳層で雇用者の4割弱が非正社員である.25-29歳層はやや正社員比率が上がるが,35-39歳層になると非正社員は半数強であり,それより上の年齢層では一貫して非正社員が正社員を上回る.

(c) 日本的雇用慣行の裏側としての非正規雇用

しかしなお,非正社員と正社員との格差を埋めようとする労働法の動きが鈍いのは,日本的な長期雇用が日本の競争力の源泉であるという見方が依然と

してあるためではないかと思われる．長期雇用者の企業へのコミットを高いものとし，また雇用安定性を高いものとするためには，景気の調整弁として，安価な働き方をもうけることが必要となる．

前節(b)で示したように，日本における正社員と非正社員の賃金格差は，先進国の中でも群を抜いて高いといってもよい．それは，日本では，正社員と非正社員の労働条件の格差が，基本的には労使の自由として認められているということや，また日本の労働法が正社員の雇用保護を中心に形成されていることが大きいのではないだろうか．浅倉は，パートタイム労働者とフルタイム労働者との均等処遇原則[3]を，私法上の拘束力をもって明確に定める法律は日本には存在していないとし，「公序」違反から，パートタイム労働者と正社員との賃金格差の違法性について，以下のように解説している(浅倉，2000, pp.438-452)．労働法の「公序」として，まず同一労働同一賃金を認めるとしよう．ただし社会通念や社会慣行として「合理性」が認められる格差のみが認容される．「合理性」の基準として，通達は，業務内容，労働時間，所定外労働の有無，配転の有無，契約期間，勤続年数，職業能力を提示している．また企業に対する責任や拘束度，採用基準や手続きなどを，「合理性」の基準として挙げる諸説もある．しかし，転勤や所定外労働が，その職務上，要請されていないのにもかかわらず，これがパートタイム労働者の低賃金を正当化するために用いられてはならないと浅倉は述べ，合理性の基準とされるものが本当に合理的か，職務とのかかわりを注意深く確認する必要があると解説している．

ただし，この程度の法の支援では，きわめて大きい正社員と非正社員の格差を縮小するには不十分だろう．短時間雇用者や，中途採用者が，能力を発揮し，キャリアを形成していけるような働き方を作っていくには，労使の真剣な取り組みが必要であろうし，企業年金，公的年金を時間比例的に非正社員に給付することを義務づけるルール変化も必要であろうし，また育児休業給付等の権利を含めて，雇用者に対する社会保障を非正社員に拡大することが必要であり，また同時に均等待遇にむけて法律の一層強い後押しも必要であろう．

---

[3] EU指令では「均等処遇」という言葉が使われているが，日本のパートタイム労働指針では，「均衡処遇」という，より緩い表現が使われている．また均衡処遇ルールも，指針の中に書き込まれているにとどまっている．

また若い世代が非正規雇用に追い出され，いったん離職した女性が非正規雇用に追いやられ，そうした中で若年層の独立が進まず，次世代育成がなされない．家族が中高年男性に依存する経済は，早晩矛盾が拡大し維持可能ではなくなっていくだろう．

さらに「正社員」でいれば安心か，といえばどうだろうか．日本は中高年男性の自殺率が際だって高い．背景には，今の働き方を続けなければならない，家計を支えなくてはならない，容易には転職できない，という強い圧力があるからではないかと考えられる．

抜本的な働き方の改革をすべき時期に来ている．

V 不安定雇用に対する新しい社会的保護のあり方

(a) 非正社員の社会的保護がなぜ不十分なのか

雇用されている立場の者は様々な意味で脆弱である．そこで雇用者に対しては，労働法や社会保険を通じて様々な保護が行われている．

① 労働法上の保護の改善の必要性

働く立場を安定させるもっとも一般的な雇用契約は，雇用契約期間の定めのない契約である．これは定年など就業規則で定められた項目を除けば，原則として雇用が続くことを想定する契約である．もちろん，解雇という方法で雇用契約が中断されることある．しかし解雇については，高度成長期にいくつものケースが法廷で争われ，経営者は解雇の回避を努力する義務があるといった解雇権濫用法理が判例によって確立されてきた．その結果，大企業は経営が悪化している場合も，解雇という手続きをとるよりは希望退職という形で，たとえば退職金の上積みにより，離職を雇用者に選ばせるのが一般的である．

ところが，非正社員の多くは，もともと有期雇用である．雇用契約期間が終了すれば，職を失うことになる．こうした不安定雇用を制限するような立法は日本では行われていない．たとえばEU諸国では，有期雇用の場合，契約更新

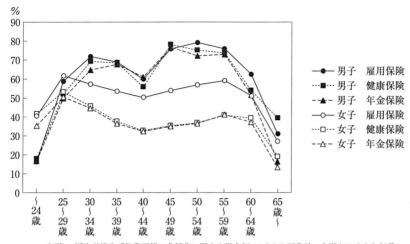

出所）厚生労働省『就業形態の多様化に関する調査』(1999)から再集計，永瀬(2004)より転載

図7 非正社員の社会保険の加入状況

を何度か行った場合に，自動的に雇用契約期間の定めのない契約に移行するといったような立法がなされている(大沢・ハウスマン編，2003)が，そのような立法は日本ではまだ成立していない．

雇用機会均等法は，同じ雇用形態内での男女差別を禁止しているが，結果的に一方の雇用形態が女性を排除しているとしても，これを違法としていない．子どものケアをしている女性が残業や転勤ができないからということで「パート」という職種に集中し，その「パート」が企業年金から排除されているとすると，これは女性に対する間接差別であり，違法である，といったような判決が出されれば，パートの相対的な立場は大きく改善する．現状は「間接差別」という概念が日本の労働法にもようやく導入された段階であり，まだその適用範囲がきわめて限定的であるが，大きく拡大する必要があるだろう．

② 被用者保険への非正規雇用者の加入の促進

労働法による保護とは別に，脆弱な状態に陥った場合に社会保険からの保護が提供されている．たとえば失業に対しては，雇用保険を通じた失業給付，病気による休業者には，被用者健康保険を通じた療養給付，育児により仕事から

休業をとっている者には，この間の所得保障としての育児休業給付，高齢期は年金給付が設計されている．

ところが，非正社員は，被用者のための社会保険の加入資格を持たない者が少なくない．図7のとおり非正社員の加入率は高くはない．20歳代前半で非正規雇用である男性は，雇用保険・健康保険・厚生年金保険のいずれにもわずか2割しか加入していない．女性はやや高いがそれでも加入率は4割弱である．

中年期になると，男性では，出向社員や契約社員等の比率が増加することもあって，被用者保険の加入率は6割から8割程度に上がる[4]．しかし女性の被用者保険の加入比率は下がり，健康・年金保険は3割，雇用保険は5割程度になる．女性の場合，サラリーマンの被扶養配偶者として，自身は社会保険料負担なしに一定の医療・公的年金保険給付を受けられるから自ら加入しないこともあるだろう．

しかし望んでも加入が難しいという側面もある．図示はしないが，有配偶・無配偶別に女性の被用者保険加入率を見ると，非典型的雇用で働く無配偶女性のカバレッジは，雇用保険，被用者健康保険，被用者年金保険について20歳代後半でそれぞれ69％，63％，62％と高くはない．しかし40歳代後半では62％，50％，47％とさらに下がる．老後や健康の懸念が増す中年期にむしろ単身女性の加入が落ちているのはなぜか，といえば，被用者保険に加入できる仕事から中年女性が排除されているからであろう．母子世帯の母への調査を見ると，転職の際に重視する事項として，「厚生年金や雇用保険に入れる」を41％が重要項目として挙げている(M.A.日本労働研究機構『母子世帯の母の就業支援に関する調査(2001)』)．それにもかかわらず，加入できていない者が多いのである．単身有子女性は雇用者に対する社会的保護の仕組みからも主婦に対する社会的保護の仕組みからもどちらからも取り残されている．

育児休業にしても，育児休業をとる資格は，「育児休業復帰後，継続して1年以上雇用される見込みがあること」であるため，実際のところ，非正社員のほとんどが，資格要件を満たさない．ごく稀なケースでのみ育児休業がとれる．そのため，育児休業給付の総額は，出産前給与の50％へと2007年4月からさ

---

4) 図に示された男性の40歳代前半に落ち込みがなぜ生じているのかはよくわからなかった．調べるとこの年齢層で出向社員の割合がやや下がっていた．

らに 10% ポイント引き上げられたものの，非正社員のほとんどは，この恩恵を受けることができない．

③ 家族と仕事に関する大きい規制改革

なぜこのように，もっとも脆弱な非正社員がそのまま取り残されてしまったのか，を考えてみれば，日本の社会的保護の制度は，正社員と，正社員に扶養されている家族，および，自営業主とその家族を想定して作られてきたことに原因がある．非正社員は，正社員に扶養されている家族と位置づけられ，被用者保険に加入しなくとも，扶養されている家族に対する保護が受けられることを想定したのではないだろうか．そうでない例外的な非正社員は，もともと少数であろうし，自営業の制度に入れるという対応をとった．

ところが，今日，この自営業の制度に入らざるを得ない非正社員は，たとえば年金制度をみれば，数として自営業主とその家族をはるかに上回る．しかし第１号被保険者制度は自営業を想定しているので，雇用者には合わない部分が少なくない．たとえば非正社員の雇用からもっともメリットを受けている事業主が，その社会保険料に対する事業主負担をする必要がない．また自営業の社会保険料は定額負担であり，低所得者には払いにくい設計である．さらに年金給付水準も，生業を持つ自営業を想定した水準となっている．

これまで，短時間雇用者を被用者保険に徐々に含める法改正はされてきた．しかし正社員の制度に対する参加を可能にした，ということであって，非正社員という働き方が持つ特性を考慮した制度が創設されたわけではない．たとえば現在の被用者年金・健康保険料の徴収は，原則毎年一度だけ決定される．そこから大幅に月収が動かない限り，社会保険料はかわらない．この制度は，4月に定期昇給のある正社員を想定したものであって，毎月労働時間が変動する非正規雇用者への配慮に欠けている．毎月の給与に連動する形に社会保険料の徴収方法を変えればよいのだが，そうした対応がされていない．

またサラリーマンに扶養される配偶者に対する恩典（第 3 号被保険者制度や，健康保険料の免除など）が，非正社員からの社会保険に対する要請を引き裂いてもいる．被用者保険を非正社員に拡大することは保護の拡大になるはずで，基本的には非正社員の支持を得られるはずなのだが，第 3 号被保険者の権利を

得ているパート女性については，新たな社会保険料負担に積極的ではない．

しかし図6の独身男女の雇用構成を見れば容易に想像できるように，今後は，非正社員同士での婚姻が増えていくと思われる．またそれを可能とするような社会保障の拡充を行わない限り，若年の婚姻はさらに低迷し，少子化の問題はさらに底の深いものとなっていくだろう．非正社員の賃金水準であれば，共働きでなければ，おそらく生計は成り立たない．しかし，現在の制度では，出産・育児期には，女性は離職を余儀なくされ，経済困難に陥る世帯が少なくないだろう．

非正社員であっても，安心した暮らしを，脆弱な子育て期や訓練期間，失業期間，高齢期や疾病期に送れるように，こうした働き方に対する社会的なルールを変えていく必要がある．

まず非正社員についての社会保障を考えると次のようになる．

子育て期　この時期には非正社員世帯はもっとも脆弱となる．子どもを扶養できるだけの賃金がない場合が多く，また子どもを育てる期間について，育児休業の権利を保障されていない者がほとんどだからである．子どもを扶養できる賃金がない者については，負の税制，児童手当などで対応し，また非正社員も育児休業給付が受けられるように，法改正がなされるべきである．子育て期の所得拡充一般については，フランスの家族給付基金からの給付制度が，また低所得者の子育て期の所得拡充については，米国で実施され，他の多くの国で取り入れられるようになっている一種の負の税制（Earned Income Tax Credit）が参考になる．また育児休業給付については，出産前就業し，その後収入が下がった者は，例外なく育児休業給付を受けられるようにする，たとえば英国，カナダやフランスの制度が参考となる[5]．給付権者はフルタイム雇用者に限られず，雇用保険や一般財源，家族給付基金が財源を手当てしている．女性の収入が家計に不可欠になる中で，こうした変更は当然必要な社会的保護のメニューとなっている．

訓練期間と失業期間　非正社員は従来正社員が企業から受けていたような訓練を十分に受けられていない場合が多い．若い非正規雇用者層について，訓練給

---

[5]　永瀬（2007刊行予定）参照．

V 不安定雇用に対する新しい社会的保護のあり方

付をより受けやすくなるような，雇用保険の改正が必要である．高卒就職システムが崩れる中で，公教育だけでは就職が困難な時代となる結果，家庭の経済力が，進学ひいては子どもの仕事機会を規定するようになっているといわれる．若年層が雇用実績を通じて，教育訓練補助を受けられる仕組みを取り入れることは重要であり，そうした制度を作ることは，非典型的雇用者が雇用保険に入る意欲を高めるだろう．

非正社員は仕事を失いやすく，得やすい働き方である．失業に対して所得給付を出すとすれば，モラルハザードを生じやすい．失業に対しては，訓練や安定雇用への移行を主眼とする制度を考えるべきだろう．

日本では1998年に雇用保険に「教育訓練給付」という制度が創設された．従来型の企業への補助金ではなく，個人が自分の能力開発を選択する活動を支援するという視点から創設されたものである．当局が認定した講座の受講費用の一部が雇用保険から補塡がされる形となっている．しかし非正社員はその恩恵はほとんど受けられない．というのは資格要件が雇用保険加入が5年以上（現在は3年以上）だからである．

仕事が途切れやすい非正社員層を主眼においた能力開発の仕組みづくりが今もっとも重要になっている．というのは，日本企業は，正社員に対する教育訓練の堅固さが知られているものの，非正社員に対しては企業の教育訓練は手薄いからである．若年については，2年ほど働けば，専門学校，職業学校，あるいは企業提供の能力開発講座に通う費用の一部が補塡されるような制度を創設すべきであろう．

そもそも有期雇用者は，雇用契約期間の定めのない雇用者よりも，企業都合による失業リスクが高い．日本の雇用保険料は，労使折半である．しかし最近大幅に増えている有期雇用者に対しては，高い失業リスクを前提に，雇用保険料を事業主負担のみとし，かつ，料率も，一般雇用者より高くし，企業都合の失業リスクに対して新たな安全ネットを張るのがふさわしいのではないか．また給付は，若い年齢層については，能力開発に重点を置くものとすべきである．一方，労働需要側である事業主側が認定講座の選択に一定の発言権を持つことも必要である．このように，非正規社員の能力開発を考慮した社会の安全ネットを体制として新たに整えることが必要となっている．

高齢期 現行の基礎年金のみの年金水準では到底不十分だろう．事業主負担を当然とする法改正が必要であり，被用者保険を拡大していくことが必要である．また育児・出産によって，女性の年金権が下がることについては，直接に育児・出産による所得低下を（正社員の妻かどうかにかかわらず）年金給付権の低下とさせないような制度を創設することが必要である．たとえば，育児期については平均賃金を稼いだものとして年金権を積み上げる（社会保険料は国庫負担というドイツ方式），育児期については加入期間に含めるが標準報酬の算出からは除く（カナダ方式）などの例が考えられる．

疾病期 同じく被用者保険への加入をすすめることが重要であるだろう．

参 考 文 献

浅倉むつ子(2000)，『労働とジェンダーの法律学』有斐閣

阿部正浩(2005)，『日本経済の環境変化と労働市場』東洋経済新報社

大沢真知子／スーザン・ハウスマン編，大沢真知子監訳(2003)，『働き方の未来——非典型労働の日米欧比較』日本労働研究機構

大沢真理(1993)，「日本的パートの現状と課題——「ジュリスト」4月15日号「特集・パートタイム労働の現状と課題」を読んで」『ジュリスト』1026号，pp. 133-136

大沢真理(1994)，「日本の「パートタイム労働」とは何か」『季刊労働法』170号，pp. 34-51

太田清(2006)，「非正規雇用と労働所得格差」『日本労働研究雑誌』557号，pp. 41-52

黒澤昌子・玄田有史(2001)，「学校から職場へ——「七・五・三」転職の背景」『日本労働研究雑誌』490号，pp. 4-18

権丈英子／シブ・グルタフソン／セシール・ウエッツエルス(2003)，「オランダ，スウェーデン，イギリス，ドイツにおける典型労働と非典型労働——就業選択と賃金格差」大沢真知子／スーザン・ハウスマン編『働き方の未来——非典型労働の日米欧比較』日本労働研究機構

玄田有史(2004)，『ジョブ・クリエイション』日本経済新聞社

小杉礼子(2004)，「フリーターとは誰なのか」『日本労働研究雑誌』525号，pp. 46-49

橘木俊昭・浦河邦夫(2007)，「日本の貧困と労働に関する実証分析」『日本労働研究雑誌』563号，pp. 4-19

永瀬伸子(2003)，「母子世帯の母のキャリア形成，その可能性——『就業構造基本調査平成9年』を中心に」『母子世帯の就業支援に関する調査研究報告書』日本労働研

究機構調査研究報告書, No.156, pp.239-289

永瀬伸子(2004),「非典型的雇用者に対する社会的保護の現状と課題」『季刊社会保障研究』第40巻2号, pp.116-126

永瀬伸子(2007刊行予定),「少子化にかかわる政策はどれだけ実行されたのか？ 保育と児童育成に関する政策の課題」『フィナンシャル・レビュー』

仁田道夫(1993),「「パートタイム労働」の実態をめぐる論点——大沢助教授の批判に答えて」『ジュリスト』1031号, pp.98-101

Autor, David H.(2003), "The Contribution of Unjust Dismissal Doctrine to the Growth of Employment Outsourcing", *Journal of Labor Economics*, Vol.21, No.1, pp.1-42

Bernhardt, Annette and Dave Marcotte(2000), "Is 'Standard Employment' Still What It Used to Be?", Carre Francoise, Marrianne A. Ferber, Lonnie Golden and Stephen A. Herrenberg eds. Nonstandard Work: *The Nature and Challenges of Changing Employment Arrangements*, Cornell University Press

Blank, Rebecca M.(1990), "Are Part-Time Jobs Bad Jobs?", Gary Burtless, ed. *A Future of Lousy Jobs: The Changing Structure of U.S.Wages*, Brookings Institution, pp.123-155

Ferber, Marianne A. and Jane Waldfogel(2000), "The Effects of Part-Time and Self-Employment on Wages and Benefits: Differences by Race, Ethnicity and Gender", Carre Francoise, Marianne A. Ferber, Lonnie Golden and Stephen A. Herrenberg eds. *Nonstandard Work: The Nature and Challenges of Changing Employment Arrangements*, Cornell University Press

Green, Caroline A. and Marianne A. Ferber(2005), "The Long-Run Effect of Part-Time Work", *Journal of Labor Reserch*, Vol.26, No.2, pp.323-333

Houseman, Susan and Machiko Osawa(2003), "The Growth of Nonstandard Employment in Japan and the United States: Houseman Susan and Machiko Osawa eds. *A Comparison of Causes and Consequences*", *Nonstandard Work in Developed Economies: Causes and Consequences*, W.E. Upjohn Institute for Employment Research Kalamazoo, Michigan

Montogomery, Mark(1988), "Determinants of Employer Demand for Part-Time Workers", *Review of Economics and Statistics*, Vol.70, No.1, pp.112-117

Tilly, Chris(1991), "Reasons for the Continued Growth of Part-Time Employment", *Monthly Labor Review*, Vol.114, No.3, pp.10-18

第6章

企業倒産リスク

広田真一

「企業が倒産したら大変なことになる」．これは日本に住んでいる多くの人が一般的に実感するところであろう．それにもかかわらず，これまでの経済学では，企業の倒産のリスクは重要な問題として取り扱われてこなかった．その理由は，伝統的に経済学においては，「企業は株主のもの」であり，「たくさんの株式を同時に保有する株主にとって個々の企業の倒産は大したことではない」という見方が支配的であったからだと思われる．しかしながら，日本社会では，「企業は従業員の経済活動，社会生活の場」と考えるのが現実的であり，企業の倒産は従業員の人生をゆるがす深刻な事態である．企業の倒産は，従業員の経済面，精神面にいかなる影響を及ぼすのか？ これまで日本企業は，倒産リスクにいかに対処してきたのか？ また，今後の日本社会において，企業倒産のリスクをどのようにとらえるべきか？ 本章では，企業倒産リスクを，日本社会に即して，理論的・実証的に考察する．

I　Wall Street Journal の記事

　私事になるが，2001年から2003年までの2年間，アメリカ東海岸の大学に，客員研究員として滞在していたことがある．そんなある日，知り合いのアメリカ人が，日本に関する興味深い記事が載っているといって，新聞を持ってきてくれた．その新聞はアメリカの経済紙，Wall Street Journal であった．以下は，その記事を私なりに要約したものである．

第6章　企業倒産リスク

July 5, 2001
『会社にさよならできない日本人』

　多くの日本人にとって，会社は特別の場所のようだ．信じられないことに，日本では，会社が倒産した後も出勤してくる人たちがいるのである．

　K氏は，1980年代の中ごろ，職業訓練学校を卒業した後，今の会社に就職した．K氏が配属された先は，東京の約60キロメートル東の工場であった．約10年の勤務の後，K氏はその工場を指揮する役職についた．K氏にとって，ずっと一緒に仕事をしてきた工場の仲間は，まさに家族のようなものであった．仕事以外にも多くの時間を工場の仲間と共に過ごした．毎年春には，職場で恒例のお花見にも行ったし，結婚相手も工場の中で見つけた．K氏の当時の人生は，ある意味で，ジャパニーズドリームのブルーカラーバージョンを実現していたと言えよう．会社では責任のある仕事を任され，プライベートでは住宅ローンを組んで家を購入し，妻と子ども2人と仲良く暮らしていた．

　1995年12月のある日，K氏の人生を大きく変える出来事が起こった．この日，一連の債権者が彼の工場にやってきて，会社が債務不履行で倒産したことを告げた．そして債権者は，その後すぐに会社を清算しようとした．しかし，K氏と同僚たちはそれを認めずに正面から抵抗した．債権者が工場から機械を運び出せないように，工場の門に鍵を閉め，うるさく吠える犬を飼って，債権者が工場内に入れないようにした．そして，その後3カ月間，彼らは工場に寝泊りして，自らの職場を債権者の手から守ったのである．

　K氏は言う．「われわれに今の職場で働く以外に何ができるというのか．会社をあきらめて他で再出発せよなんて，軽々しく言わないでいただきたい」．

　K氏は，実をいうと，会社が倒産してすぐ，他の会社から工場のマネージャーとして働かないかという誘いを受けていた．しかし，K氏はその魅力的に見える話を断った．工場にはまだ注文が来ていたし，そして何よりもそれまで一緒に働いてきた同僚を見捨てることができなかったからである．工場にはK氏より高齢の人たちがおり，K氏が転職して工場を閉めると，彼らが次の仕事を見つけるのは極めて難しいと思われた．そんな仲間を見捨てて，K氏だけが転職することは考えられなかった．

　会社のオーナーが法的な倒産申告をしなかったので，K氏たちは債権者の要求を無視して工場の操業を続けた．取引先には頭を下げて回り，これまでと同様に注文をもらえるように頼んだ．それは，簡単なことではなかったが，みんなで力を合わせて何とか売り上げを維持しようとした．

そんなK氏を妻も支えた．K氏が以前のように給料をもらえなくなったので，妻は平日はウエイトレス，週末は水道料金の徴収のアルバイトをして家計をやりくりした．妻としては，住宅ローンがまだ2000万円以上残っている状況では，K氏に転職して安定した仕事についてもらいたいのはやまやまであった．しかし彼女は，K氏が会社の仲間のためにがんばっていることを理解していた．なぜなら，彼女も2人の子供を産む前はその会社の社員だったからである．

そして，1998年10月，K氏は自らを社長として新しい企業名で会社を登録し，新会社をスタートさせた．そのために必要な資金は会社の2年間の利益と自分と仲間の貯金でまかなった．ただ，その後の新会社の経営は，必ずしも順調とはいえなかった．当初の数カ月はよかったものの，その後は産業景気の低迷と国際競争の激化によって業績は悪化した．K氏は新会社になって以来，従業員に3度の給与カットを行わざるを得ず，近々さらにもう1度の給与カットが避けられない状況である．

K氏は時折，あのとき同僚たちを見捨てて他の会社に転職しておけばよかったと思うことがある．その方が金銭的にも精神的にも楽な生活ができただろうにと．しかし彼は，すぐにそのような思いを断ち切り，「ここで逃げるわけには行かない」と今の現実に戻るのであった．

私はこの記事を読んだとき，K氏のおかれた状況，K氏の思い，そしてK氏がとった行動がよく理解できた．ところが，記事をもってきてくれたアメリカ人の知り合いは，「K氏のことは全く理解できない．なぜ倒産した会社にこだわるのか．会社が倒産したら，それはそれであきらめてすぐに新しい職を探せばいいじゃないか」との意見であった．そもそも，彼が私にこの記事を見せにきたのは，K氏のとった行動が信じられなかったので，私に同じ日本人として何かコメントを聞きたかったそうである．

この記事に対するアメリカ人の知り合いと私との反応の差は，一口に企業の倒産といっても，国や地域の文化，慣習，制度，環境によって，その意味するところが異なることを示している．またそれは，同じ国・地域であっても，倒産企業の特性によって変わってくるのかもしれない．そこで以下では，企業倒産がもつ意味とその社会への影響を理論的，実証的に検討し，特に日本の経済，社会において，企業倒産リスクをいかに認識すればよいのかについて，考察していくことにしよう．

第6章　企業倒産リスク

II　企業倒産とは

　企業倒産とは，企業がその債務の期限が来ても返済できずに，そのままでは経済活動を続行することが不可能となった状態をいう．それには，企業が振り出した小切手が不渡りとなるケース(銀行取引停止処分)や自らが裁判所に対して倒産を申請するケース(会社更生法，民事再生法，破産法による)，また法的手続きをとらずに大口債権者との話し合いによって内々に整理を行うケース(内整理)などがある(以上，東京商工リサーチのホームページによる)．
　一般に，企業の倒産の可能性は，企業の業績の良し悪しと債務(負債)の大小によって決まってくる．企業の業績が悪化するほど，債務の支払いが困難になるので，倒産の可能性が大きくなる．また，業績が同じ企業をとっても，負債によって多くの資金を調達している企業は，元利の返済額が大きくなるので，倒産の可能性が大きい．
　図1の棒グラフは，過去30年の日本における企業倒産の年間件数(負債総額1000万円以上)を示している(データは東京商工リサーチ，2007による)．これをみると，企業倒産の件数は，日本経済の景気動向と密接に関連していることがわかる．第1次，第2次石油ショック後の1970年代後半から1980年代前半にかけてはその件数が1万5000件から2万件あたりで推移するが，1980年代後半のバブル景気の時代には倒産件数は大きく減少し，1990年には最低の6468件となる．しかし，1990年代に入って，平成不況が進行するにつれて件数は再び増加し，2001年には1万9164件に達する．そしてその後，日本経済が上向くとともに件数は再び減少している．このことから，企業倒産の発生の可能性が企業の業績の良し悪しによって決まってくることが見て取れる．
　同じく図1の折れ線グラフは，日本企業の倒産発生率の推移を示している．倒産発生率は，東京商工リサーチによって，[普通法人の倒産件数/財務統計による普通法人数]で計算されているものである．この倒産発生率も，日本経済の景気の動向と相関していることがわかる．そしてその値は0.2-1%程度の間を推移している．

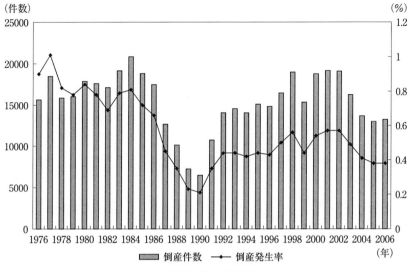

図1 倒産件数と倒産発生率

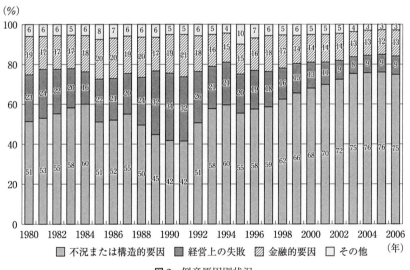

図2 倒産原因別状況

図2は，東京商工リサーチが特定化した企業の倒産原因を大きく3つに分類し，そのそれぞれの割合を各年ごとにまとめたものである．まず，1つめの要因，「不況または構造的要因」とは，販売不振または赤字の累積によって倒産に陥ったケースを指す．この要因によって倒産するケースが最も多く，それは各年の倒産の40-70%を占めている．そして特に，1990年代から現在にわたってその割合が増えていることが注目される．これは，近年，日本経済の構造が大きく変化したことを反映しているのかもしれない．2つ目の要因，「経営上の失敗」は，事業上の失敗，事業外の失敗，過大な設備投資によって引き起こされた倒産を指す．この要因による倒産の割合は，1980年代前半は20%前後であったが，80年代後半のバブル期に増え始め，1990年には33.78%に達している．しかし，その後1990年代に入ってからは減少し，現在では10%程度になっている．3つ目の要因，「金融的要因」は，運転資金の欠乏，金利負担の増加，他社倒産の余波によって起こった倒産を指す．この要因による倒産の割合は，毎年10%強から20%を占めている．

こうした倒産の原因を観察することは，倒産を回避するための方策を探るために大いに役立つ．ただ，これに関しては後に議論することとして，次節ではまず，企業の倒産がもつ意味，それが誰にどのような影響を与えるのかについて，理論的あるいは実証的に考察を行う．

III 企業倒産のコスト——誰が困るのか？

さてそれでは，企業の倒産とその社会的影響に関して，アカデミックな世界ではどのようにとらえているのだろうか．

標準的な経済学，あるいは金融論の世界においては，倒産は単に企業に起こりうる1つの事象とみなされ，それが大きな社会的コストを生むとは考えられていないようである．そこでは，企業は株主のものであると想定され，株主は企業の価値（利益や保有資産）のうちから負債の元利合計を返済した残りの分を受け取る権利をもつとされる．企業の倒産が起こるのは，企業の価値が負債の元利合計に満たない場合であり，そのときには負債の保有者にすべての利益と

資産が払い戻され，株主の受け取り分はゼロとなる．すなわち，企業が倒産すると，株主は将来の利益を見込んで資金を提供したにもかかわらず，その見返り(リターン)が全くなくなってしまう．このことは，企業の倒産が株主に大きな損失を与えるように見えるかもしれない．しかし実は，標準的な経済学や金融論においては，それを株主にとって重大なこととはみなさない．なぜなら，株主は自らの資金を，この企業の株式だけでなく，他の様々な金融資産(他の会社の株式，投資信託，公社債など)に広く分散して保有していると考えるからである．株主にとっては，ある企業への投資のリターンがゼロになっても，他の50-100種類もの金融資産から収益が得られるのなら，1企業の倒産はたいした問題ではない．

これは，企業の負債の保有者(貸出を行っている銀行，企業の社債の保有者など)にとっても同様である．彼らも自らの資産を様々な金融資産に分散投資しているのであり，そのうちの1つの企業の倒産は，資産全体が生み出す収益からするとわずかな損失に過ぎない．また負債保有者は，あらかじめ企業の倒産のリスクを考えて金利を上乗せしているのが通常であるから，倒産時には元利合計の全てが得られなくても，倒産しない場合にはその分高い金利がとれるため，平均するとそれなりの収益が得られていることになる．

一方で，資金提供者(株主・債権者)以外の企業関係者，例えば従業員等には，企業の倒産はどのような影響を与えるか．経済学，金融論の枠組みでは，これもまたほとんど影響はないと考える．そこでは，従業員は企業との間で短期的な労働契約を結んでいる存在とみなされる．例えば，現在A社で働いている従業員は，今彼らが提供している労働サービスの対価として給料を受け取っているのであり，来年もA社で働くのかどうかはわからない．彼らには別の仕事を見つけるチャンスがいつも与えられており，よい仕事が見つかるごとに様々な会社を転々と渡っていくことができる．したがって，現在の勤務先が倒産したとしても，それは彼らにとってたいしたことではない．ただ単に，別の働き場所を見つければいいだけの話である．冒頭に述べたWall Street Journalの記事に対するアメリカ人の知り合いの反応はそれに近いものであった．

こうした標準的な経済学，金融論の考え方からは，企業の倒産に関連して，われわれの直感とは反する主張が行われる．まず1つは，企業の負債の発行が，

企業価値の最大化の点から望ましい側面をもつというものである．前に述べたように，負債の発行は倒産のリスクを高めるが，その一方で節税効果やROE（自己資本利益率）を上昇させるというメリットをもつ．そこで，企業の倒産による社会的損失を無視できるとすると，負債発行のメリットの方が強調されることになる（金融論においても，企業倒産のコストを全く考えないわけではないが，そこで想定されるコストは，通常，倒産処理の手続きの費用，倒産による資産の減価，資本提供者間の利害対立によるロス等に限られる）．そして，負債比率の高い企業は，株主の利益を最大化する資本政策をとっている企業として，しばしば評価される．

もう1つの主張は，企業の倒産が，適者生存(survival of the fittest)のメカニズムとして，経済の効率性の向上に寄与するというものである．市場に価値のある商品・サービスを提供できなくなった企業が倒産することによって，そこで用いられていた生産要素（資本，労働）が，他の生産性の高い企業に移動して新たな付加価値が創造される．この適者生存のメカニズムを通じて，社会の資源が望ましい形で配分され，ひいては経済成長につながるという主張がなされる．

以上のような，経済学，金融論の企業倒産への見方は，理屈としてはよくわかる．そして，それは現実的にも，アメリカの企業には多かれ少なかれ当てはまる部分があるのかもしれない．しかしながら，この見方が同時に，異なった文化，慣習，制度，環境のもとでも現実妥当性をもつかというと，それはまた話が別である．日本に住んでいる人は，意識的あるいは無意識的に日本の企業を観察している．その目からみると，「企業が倒産しても従業員が何も困らない．そして，彼らにはすぐに次の仕事が見つかる」という考えは，受け入れがたいものであろう．

日本において，高度成長期以降，長期雇用の慣習が広範に見られることは周知の事実である．学校を卒業して，新卒で企業に勤めた従業員の多くは長期にわたって同じ会社に勤務する．そして，彼らは日常の仕事をこなしていく過程で，その企業特有の知識，技術，文化，慣習等を身につけ，自らの生産性を高めていく．すなわち，彼らは企業に対してある種の人的な投資を行っているのであり，将来にその見返り(リターン)として，昇進，給料の上昇，雇用の安定などのメリ

ットを得る.こうした従業員にとって,自らの会社が倒産することは,唯一の人的投資先が十分なリターンを与えることなく消失してしまうことを意味する.さらに,長期雇用の慣習のもとでは,他の企業も同じ人事政策を採っているので,倒産後に新たな仕事を見つけることは容易でない.樋口(2001)は,日米の雇用調査のデータを用いて,1つの仕事をやめてから次の仕事が見つかるまでの離職期間は日本の方がアメリカよりも長いことを示している.これは,日本においては,企業倒産によって従業員がこうむる金銭的損失が大きいことを意味している.そして,それは特に,従業員の年齢が上がるにつれて深刻であろう.事実,前述の Wall Street Journal の記事においても,記者が次のように指摘していた.「日本人が会社にしがみつくのは,ある意味で合理的な反応とも考えられる.日本においては,雇用における年齢差別が違法ではないため,中年以降の労働者が新しい仕事を得るのは簡単ではない.日本労働研究機構の昨年の調査によると,90% の日本企業は,雇用する際の年齢の上限をもうけており,その平均値は 41 歳だという」.これらのことからすると,K 氏が「私たちに,会社をあきらめて他で再出発せよなんて,軽々しく言わないでほしい」と述べていることは十分に理解できるのである.

さらに日本においては,企業の倒産によって従業員がこうむるコストは,金銭的な面のみならず精神的な面にも及んでいる可能性がある.これは,「集団主義」と「仕事が生きがい」という日本人に見られる行動特性に関係している.

「アメリカ人は個人主義的,日本人は集団主義的」というのは,昔からよく聞く話である.阿部(1995)によると,日本人は競争社会の中で生きて行くよりも,自分が属する集団の中で,周囲と折り合いながら心安らかに生きたいと思っている人が多いという.この点からすると,職場を自らが属する集団と考えてその中で他のメンバーと協力しながら働くということが,どの組織にも属さず一匹狼のように仕事をするよりも,日本人の平均像に近いと考えられる.さらに,会田(1972)は,日本人にとっては仕事は働くと同時に学問でもあり修業でもあるという「あわせ」の要素をもつことを指摘している.仕事は自らを成長させるものであり,また生きがいでもあるというのも,日本においてよく言われることである.もしそうであるなら,田中(2006)が主張するように,日本では多くの働く人々にとって,会社は単に生活の糧を得る場を越えて,貴重な

表1　日米のアンケート調査の結果

	日本の回答	アメリカの回答
1. 仕事の場においてはグループの意見に従うべきだ	2.83 [3708]	3.85 [3034]
2. グループで協力する方が高い成果が得られる	2.46 [3736]	2.77 [3081]
3. グループで協力した方が満足度が大きい	2.37 [3736]	2.94 [3083]
4. 仕事はお金を得るためのものだ	2.44 [3748]	2.45 [3086]
5. 仕事は生きがいにつながる	2.39 [3747]	3.49 [3082]

表の数字は，それぞれの意見に対する回答値(1.ぴったりあてはまる，2.どちらかというとあてはまる，3.どちらともいえない，4.どちらかというとあてはまらない，5.全くあてはまらない)の平均値．[　]内は回答者数

社会生活の場，そして人間としての生活の場になっていると考えられる．

　表1は，上記の「集団主義」，「仕事が生きがい」という行動特性が，日本人に強く見られるかどうかを確かめるために，日米のアンケート調査の結果をまとめたものである．このアンケート調査は大阪大学の筒井義郎教授との共同プロジェクトであり，表で紹介している5つの質問は，大阪大学のCOEプログラムの「くらしの好みと満足度についてのアンケート」の中に含められたものである．アンケートでは，日米それぞれ3000人以上の回答者に，表の5つの文章のそれぞれについて，1.ぴったりあてはまる，2.どちらかというとあてはまる，3.どちらともいえない，4.どちらかというとあてはまらない，5.全くあてはまらない，のいずれかを選択してもらった．その回答値(1,2,3,4,5)の日米のそれぞれの平均値が表にまとめられている．

　まず1つ目の質問，「仕事の場においてはグループの意見に従うべきだ」は，仕事場での意思決定が組織の意見に基づいて行われるか，それとも個々人の判断で行われるかを聞いたものである．これをみると，日本の平均値は2.83であるのに対して，アメリカの平均値は3.85であり，日本の方が集団主義的な意思決定をする傾向が強いことを示している．また，2つ目と3つ目の質問は，集団主義的な行動の動機を探るための質問である．2つ目の質問「グループで

協力する方が高い成果が得られる」は，集団主義的行動が生産性の向上という経済的な動機から生じているかどうかを見るものである．また，3つ目の質問「グループで協力して達成した方が満足度が大きい」は，集団主義的な行動が人々の精神的な満足度を高めることから生じているかどうかを見るものである．表をみると，2つ目の質問に対する回答値の平均値は日本が2.46，アメリカが2.77と，日本の方が集団的行動の生産性への正の効果をより強く考えていることがわかる．さらに，3つ目の質問に対する回答値の平均値は日本は2.37，アメリカは2.94であり，日本人の方が「みんなで何かを達成する」こと自体に精神的な満足を感じる傾向があることがわかる．そして，この集団行動の精神的な満足度の高さは，日本企業における従業員同士のつながりの強さや高い仲間意識に大いに関連していると考えられる．このことからすると，K氏が工場の仲間を家族のように感じ，その仲間を見捨てて他の企業に転職することをためらったこともよく理解できるのである．

　さらに，4つ目と5つ目の質問は，仕事の意味をたずねたものである．4つ目の質問「仕事はお金を得るためのものだ」に対しては，日本の平均値が2.44，アメリカの平均値が2.45と，両国の間でほとんど差がない．それに対して，5つ目の質問「仕事は生きがいにつながる」に関しては，日本の平均値が2.39であるのに対して，アメリカの平均値は3.49と大きな差がある．つまり，日本においては，仕事を金銭を得るためだけのものではなく，それ自体を生きがいと考えている人が，アメリカよりも多いということである．

　これらのアンケート結果からすると，日本においては，会社とは生活の糧を得るだけでなく，仲間と共に働く喜びや仕事の生きがいを感じる場として機能していることがわかる．このことは，会社が倒産すると，従業員は経済活動の場と社会活動の場を同時に失うことを意味する．したがって，企業の倒産が従業員に及ぼすコストは，金銭面のみならず，心理面でもかなり大きなものになると考えられるのである．

　さらに，企業倒産が経済全体の効率性に与える影響についても，日本においては，前に述べた適者生存メカニズムとは逆の結論が得られる可能性がある．寺西（2004）によれば，日本は明治以来，経済成長の源泉として，生産要素を企業間で効率的に配分することよりも，現存の組織の生産の効率を向上させるこ

とが重視されてきたという．そして，組織の生産効率は，従業員の企業特殊的な技能の形成によって高められたと主張している．もしそれが正しいなら，企業の倒産の可能性は，従業員の人的な投資を阻害するから，組織の生産効率は低下し，経済全体の効率性を引き下げることになる．すなわち，企業がその構成員の投資によって組織能力を向上させていく状況では，企業倒産の増大は，標準的な経済学の主張とは異なり，経済成長に負の影響を与えうるのである．

IV 企業倒産リスクへの対処

　以上のように，日本においては，企業の倒産はそこで働く従業員に多大なるコストを負わせることになり，また倒産の可能性は組織の効率を低下させることになると考えられる．したがって，企業の側としては，倒産の可能性を小さくするために，通常時から様々な努力を行ってきたものと予想される．それでは，日本企業は，具体的にはどのような方法で倒産のリスクに対処してきたのであろうか．

　まず，1つ考えられることは，リスクをとって大きなリターンを狙う経営ではなく，収益性は高くなくとも安定性を重視した経営を行ってきたということである．亀田・高川(2003)は，資本収益率の国際比較分析を行い，日本の企業の営業ROA(営業利益／有形固定資産)は，個別企業間の散らばりが小さく，その標準偏差はここ20年にわたってアメリカ企業の半分であることを報告している．また同時に，1つの企業の営業ROAの10年間の変動の大きさ(時系列方向の標準偏差)をみた場合にも，その平均値はアメリカ企業の3分の1から4分の1であることを示している．このことから，彼らは，日本の企業が大胆なリスク・テイク行動をとることが少ないと主張し，それがマクロ的な低収益性につながっている可能性を指摘している．そして，「企業がリスクをとらない傾向にあるということは，株主の行動原理が本来あるべき姿とは異なっているか，あるいは株主のガバナンス機能が十分に働いていない可能性がある．本来，個々の企業に投資している株主にとってみれば，企業経営上のリスクは分散投資により株式市場で十分にヘッジすることが可能であるため，そうした

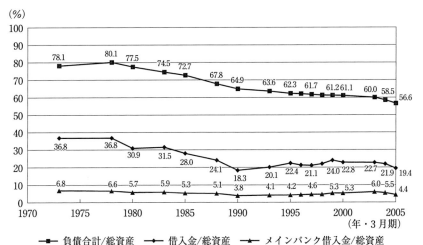

図3 日本の大企業の負債比率,借入金比率,メインバンク借入金比率(約500社平均)

リスクは許容できるはずである」と,標準的な経済学・金融論の立場から,安全志向の日本企業の経営を批判的にとらえている.

しかしながら,前に述べたように,企業特殊的な技能を競争力の源泉とし,長期雇用が支配的な日本企業においては,従業員は自らの人的資産を現在の会社に集中的に投資している.すなわち,日本企業の従業員は,企業経営のリスクを分散投資によってヘッジしていないのが実状である.このことからすると,企業の側が大きなリスクをとらずに経営の安定を第一に考え,その倒産の可能性を引き下げていることも十分に理解できるのである.

倒産リスクへの対処として,第2に考えられるのは,自己資本の充実である.企業の倒産は,債務を返済できないことによって起こるから,倒産リスクを減らすには債務(負債)を減らせばよい.これは,企業が必要な資金を自己資本(内部留保または株式発行)によってまかなうことを意味する.日本の大企業は,長い間,株式の持ち合いによって株式市場からのプレッシャーが弱かったので,株主への配当の支払いも低水準でよく,内部留保を比較的容易に蓄積できた.

図3は,三菱総合研究所『企業経営の分析』に掲載されている日本の大企業約500社について,1970年代前半から最近にわたって,その負債比率(負債合計/総資産),借入金比率(借入金/総資産),メインバンク借入金比率(メインバ

ンクからの借入金/総資産)の平均値をプロットしたものである(各企業のメインバンクは，東洋経済新報社『会社四季報』の「銀行」欄に一番最初に記載されている銀行とした．そしてメインバンクからの借入金のデータは，東洋経済新報社『企業系列総覧』，日経 NEEDS Financial Quest で得た)．図の一番上の線をみると，日本の大企業の負債比率が，1970年代の後半以降，一貫して下がり続けていることがわかる．具体的にいえば，負債比率の平均値は1978年3月期には80.1%であったものが，2005年3月期には56.6%にまで低下している．この負債比率の低下，すなわち自己資本の充実は，日本の大企業の倒産リスクを著しく引き下げたと予想される．わかりやすくいえば，かつては総資産の20%の分の赤字の蓄積(あるいは資産の減価)によって倒産の危機に瀕したのに対し，現在では総資産の40%の分まで赤字が蓄積しても，まだ大丈夫だということである．

前に述べたように，標準的な経済学，金融論の世界では，負債比率を引き上げること(自己資本比率を引き下げること)は，節税効果，ROEの上昇などの点からしばしば評価される(その場合「財務レバレッジを効かせる」という表現が使われる)．ただ，日本においては，高い負債比率をよいこととみなす考え方は，これまでほとんどなかったように思える．事実，田中(2006)は，逆に日本では自己資本比率を上げることが「財務体質の改善」ということで望ましいこととされてきたと述べている．「財務体質を改善して倒産という病を予防する」，これは日本企業がその存続を図るための1つの大きなポリシーであったと考えられる．

倒産リスクへの第3の対処方法は，いざというときのために普段からメインバンクと密接な関係を結んでおくことである．日本において，企業と銀行との間に継続的・長期的な取引関係があることはよく知られている．その中でも，企業にとって主取引銀行，すなわちメインバンクとの関係はとりわけ重要なものとしてとらえられてきた．メインバンクは，企業との関係において，融資団の中心，主要株主，総合的金融サービスの提供など様々な機能を果たすが，その役割が社会的にも大きく注目されるのは，企業が倒産の危機に瀕した場面である．メインバンクは，危機に陥った企業に対して，通常，債務・金利の減免，追加融資，役員の派遣，他の銀行への協力の呼びかけなどを積極的に行い，企業を倒産という最悪の事態から救済することを試みる．そして，企業としては，

表2 メインバンク救済時の企業の従業員に関するデータ

総従業員数(人)	男子従業員数(人)	女子従業員数(人)	平均年齢(歳)	平均勤続年数(年)
2095	1780	315	35.8	12.8

(値は31社の平均値)

この「いざというときのメインバンク」の役割を期待して,通常時からメインバンクとの関係を大事にし,融資,預金,為替,その他の金融サービス等の取引をメインバンクに集中させるといわれる.図3の一番下の線はメインバンク借入金比率(メインバンクからの借入金/総資産)であるが,これは1970年代から現在に至るまで5%前後の数字で安定的に推移している.このことから,企業は景気がいいときにも悪いときにもメインバンクとの関係を重要視していることがわかる.筆者の日本の大企業の財務担当者へのインタビューによると,「メインバンクとの関係は,(いざというときのための)契約によらない保険としての機能を果たしているという感じである」とのことであった(広田,2001).

Sheard(1989,1994)には,メインバンクが倒産の危機にある企業を救済した実例がまとめられている.そこで,このSheard(1989,1994)でリストアップされた60の実例のうち,1975-1992年の41の実例をサンプルとして,メインバンクの救済が企業の倒産を防ぐのにどれぐらい効果的であったか,また救済が企業の従業員にどのような影響を与えたかを分析してみよう.

まず,メインバンクに救済された41企業が,その後10年間でどうなったかを調べてみた.すると,その後10年間にわたって存続していた企業は36企業(うち上場維持が27企業,上場廃止が9企業)あり,他の企業に吸収合併されたのが2企業(安宅産業,イトマン),結果的に破綻・整理されたのは3企業のみ(第一住宅金融,日本住宅金融,日貿信)であった.すなわち,メインバンクによって救済された企業の約9割がその後も存続していることになる.表2は,41企業のうち,後の分析に必要なデータがとれた31企業に関して,メインバンクが救済した年の企業の総従業員数,男子従業員数,女子従業員数,平均年齢,平均勤続年数を調べ,その平均値を計算したものである.この表から,救済された企業の従業員の姿をイメージすることができる.総従業員数は2095人,男子従業員数が1780人,女子従業員数が315人,平均年齢は35.8歳,平均勤続年数は12.8年となっている.メインバンクの救済がなかったならば,

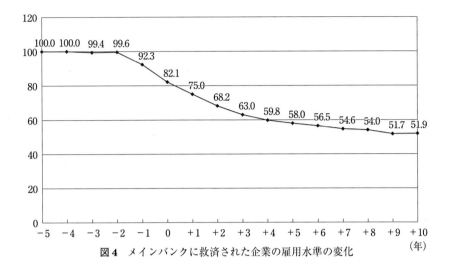

図4 メインバンクに救済された企業の雇用水準の変化

これらの従業員が一挙に職を失う危機に瀕したと考えられる．年齢35.8歳，勤続年数12.8年の人が，いきなり自らの生活の糧，生きがいの場を失い，次の仕事を見つけるというのは決して簡単なことではなかったと想像する．

　図4は，メインバンクの救済後の企業の雇用水準の推移を示したものである．そこでは，メインバンクの救済が行われた決算期を0年とし，それ以前の決算期を－1年，－2年，……，－5年，救済後の決算期を＋1年，＋2年，……，＋10年としている．そして，各企業の5年前の決算期(－5年)の従業員数を100としてその後の雇用水準を計算し，そのサンプル平均値をグラフに示した．これを見ると，メインバンクの救済後，企業の雇用水準は徐々に低下していくことがわかる．そして10年後(＋10年)にはその値は51.9となり，－5年の時点の約半分になっている．すなわち，メインバンクに救済された後，企業は徐々にその規模を縮小して生き残りを図るのであり，そこでは全ての従業員に雇用が保障されるわけではない．ただ，ここで注意することが2つある．1つは，もしメインバンクが救済しなかったならば，企業倒産によって0年の時点の雇用水準がいきなりゼロかあるいはそれに近い水準になっていたと考えられることである．したがって，メインバンクの救済は，企業規模の縮小によって結果的に企業を去ることになった従業員がいたとしても，彼らの多くにその準備を

するための時間的余裕を与えたと予想される．もう1つは，図には示していないが，メインバンクによる救済後，従業員の平均年齢，平均勤続年数が共に上昇していくことである．平均年齢は0年には35.8歳であったものが+10年には39.5歳に，平均勤続年数は0年に12.8年であったものが+10年には16.3年に上昇する．このことは，救済後の企業の雇用の削減が，現存の従業員のリストラクチャリングよりも，主として新規の採用の抑制によって行われることを示唆している．以上の点からすると，メインバンクによる企業の救済は，そうでなければ倒産したであろう企業の従業員に仕事の場を与え続けたという意味で，大きな効果をもったと考えられる．

さらに，メインバンクによる企業の支援は，企業が倒産の危機に陥ったときだけでなく，もっと手前の段階においても行われることが知られている．日本の大企業の財務担当者，銀行員に対して，筆者がインタビューした結果によれば，企業が倒産の危機までは至らなかったとしても，何らかの理由で財務状態が悪化した場合にメインバンクとの長期的な関係が生きてくるという．一般的に財務状態の悪化によって社債の格付けが落ちると，資本市場での資金調達（社債やCP）が困難になる．またその際には，銀行から借入ができたとしても，普段からの付き合いが薄い銀行だと金利の上昇を要求される．そのようなときでも，メインバンクならこれまでと変わらない条件で安定的に資金を融資してくれるとのことであった（広田，1998, 2001）．

このことを確かめるために，前述の三菱総合研究所『企業経営の分析』に掲載されている日本の大企業の約500社について，企業の財務状態が悪化するにつれてメインバンクからの借入金が増えているかどうかを調べてみた．1980, 1985, 1990, 1995, 2000, 2005年の6つの時点において，サンプル企業を，その財務状態が良いものから悪いものへと順に3つのグループに分けた．具体的に言うと，負債比率（負債合計/総資産）が80%未満の企業，80%以上90%未満の企業，90%以上の企業の3つのグループである．最後の（90%以上の）グループは，まだ債務超過にはなっていないものの，財務状態がかなり悪い企業群と考えることができる．そして，この3つのグループごとに負債に占めるメインバンクからの借入金の割合（メインバンクからの借入金/負債合計）の平均値を求めた結果が表3にまとめられている．

表3 企業の財務状態とメインバンク借入

	負債比率(負債合計/総資産)によるグループ分け		
	80% 未満	80% 以上 90% 未満	90% 以上
1980年	5.75 [253]	7.81 [180]	9.33 [95]
1985年	5.55 [309]	8.35 [132]	9.93 [73]
1990年	4.44 [444]	8.95 [71]	9.53 [38]
1995年	5.18 [452]	8.38 [78]	12.70 [28]
2000年	6.82 [360]	11.84 [51]	14.66 [19]
2005年	6.43 [416]	10.24 [36]	11.60 [9]

いずれも3月期.数値はメインバンク借入金/負債合計の平均値(%).[ ]内はサンプル数

　表3を見ると，負債比率が高いグループほど，負債に占めるメインバンク借入の割合が高くなっていることがわかる．例えば，1980年では，負債に占めるメインバンク借入の割合は，負債比率が80%未満のグループでは5.75%であるのに対し，負債比率が80%以上90%未満のグループでは7.81%，負債比率が90%以上のグループになると9.33%に上昇する．すなわち，企業の財務状態が悪くなるにつれて，企業は資金の調達をよりメインバンクからの借入に頼るようになるのである．そして，この傾向は，その他の年においても，また直近(2005年)においても変わっていない．
　このことは，日本の企業金融におけるメインバンクの重要性を再認識させるものである．資金は企業の生命線と言われ，経営状態にかかわらず資金を安定的に確保できる状況を作っておくことは，企業が継続的に操業を行う上で決定的に重要である．事実，図2では，企業の倒産理由の1つとして金融的要因(運転資金の欠乏，金利負担の増加など)をあげた．メインバンクとの長期的な関係があれば，財務状態が悪化したときにも，これらの金融的要因による倒産を未然に防ぐことができる．日本企業にとってメインバンクは，いざというときに倒産を回避するために，またそもそもいざという状態に陥るのを防ぐために，きわめて重要な存在であると考えられる．
　なお，1つ付け加えておくと，標準的な経済学の立場から，こうしたメインバンクによる企業の救済・支援が，経済全体の効率性を引き下げているという

議論がある．そこでは，メインバンクが本来倒産すべき企業(「ゾンビ」企業と呼ばれる)を生き延びさせることによって，経済全体の資源の配分をゆがめていると主張される(星，2006 など)．この主張は，(1)企業の倒産がたいした社会的コストを生まないこと，(2)経済成長の源泉として，生産要素の企業間での配分が重要であること，を前提としたものだと考えられる．しかしながら，前に述べたように，日本においては，(1)企業の倒産はそこで働く従業員に大きな金銭的，心理的コストを負わせること，(2)経済成長の源泉は配分の効率性よりむしろ組織の効率性にあること，を考慮すると，「メインバンクの救済がゾンビ企業をはびこらせて日本経済をだめにする」という議論は，大いに再考の余地があるように思われる．

V 企業倒産リスクの今後

これまで述べてきたように，企業の倒産をどのように考えるかは，株主・債権者等の資金の提供者以外に，企業に人的資産を提供している従業員が存在するかどうかによって変わってくる．標準的な経済学の想定では，企業の従業員は単なる労働サービスの契約者であるため，各々の企業の倒産は大きな問題にはならない．それに対して，長期雇用が支配的であった日本企業においては，企業の倒産は従業員に大きな金銭的・心理的コストを生むものであった．したがって，日本の企業倒産リスクの今後を考えるにあたっては，まずは日本の雇用システムの今後を予測する必要がある．

マスコミ等では，日本企業の長期雇用はどんどん崩れていき，アメリカ型の短期の労働契約の割合が増えていくとの論調が見られる．ところが，実証研究はその見方を支持していない．Kato(2001)は，日本の長期雇用慣行が 1990 年代にもほとんど変化していないことを，統計データとインタビューの両面から裏付けている．また，Jackson and Miyajima(2007)で報告されている 2003 年時点のアンケート調査によれば，日本企業の約 80%(従業員数ベースでは 90%)が依然として長期雇用政策を保持していることを示している(しかも，長期雇用が支配的でない企業は，小売業，IT 産業に集中しており，その他のほと

んどの産業では，長期雇用をとる企業が圧倒的に多い)．さらに，河村・広田(2002)の2000年のインタビュー調査でも，インタビュー先の日本企業の13社すべてで，今後も長期雇用を基本的に堅持するという回答が得られている．

日本の長期雇用制度が今後も続いていくとすると，企業の倒産リスクは決して無視できない問題であり，各企業は依然としてそれに対処することが必要になる．それでは，その対処の方法には，これまでと比べて変化が見られるであろうか．

まず，前節で述べた「いざというときのメインバンク」に関してである．1990年代後半から2000年の初めにかけて銀行の不良債権問題が深刻であったとき，メインバンクが企業を救済しようにもメインバンクの側にその体力がないとの議論がよく見られた．また，福田・鯉渕(2006)の実証分析は，産業再生機構による支援企業においては，債権放棄負担比率が各銀行の融資比率に対応する比例配分法になっており，メインバンクの超過負担による企業の救済が観察されなかったことを報告している．

金融危機が去ったとみられる現在においては，銀行の体力も回復したと考えられるので，今後はまた「いざというときのメインバンク」の機能が復活してくると考えられる．ただ，筆者の銀行へのインタビュー調査によれば，その機能の発揮を妨げる要因が1つある．それは，銀行の株主への説明責任である．

かつてのメインバンクの企業救済は，「これまでの企業との長い付き合いで取引を集中してもらっている代わりに，いざというときは助ける」という暗黙の合意に基づくものであった．しかし，近年の銀行は，株主代表訴訟の普及，株式市場からの経営へのプレッシャーの高まりを受けて，いざというときにも株主への説明責任がつく範囲でしか企業を支援できないとの意見が多い．そしてその説明責任の基準は「メインバンクにとって救済することに経済合理性があるかどうか」であるという．その意味からいえば，今後のメインバンクには，どの企業に対してもまたどんな状況であっても無条件に助けるといったことは期待できない．ただ同時に銀行へのインタビュー調査によると，「経済合理性とは広い意味での経済合理性であり，たとえある企業の救済が銀行に当面のロスを生むとしても，それによって他の企業，他の銀行の信用を保持できる(いわゆる評判の維持)というメリットが上回ることが明示的に株主に説明できる

ならば，これまでと同様に救済が可能」だとの意見も聞かれた．企業の通常時のメインバンクへの取引の集中は，メインバンクにかなりの利益を生んでいると言われる．そして，それらの取引は，「いざというときには助けてくれる」というメインバンクへの信用によって得られていると考えられる．すなわち，メインバンクが企業救済機能をもつことは，メインバンクの長期的な利益と矛盾していない可能性が高い．このことからすると，「いざというときのメインバンク」の役割は，かつてに比べて多少弱まることがあったとしても，今後も経営危機に陥った日本企業で引き続き観察されると予想される．

次に，企業倒産リスクへの別の対処方法，内部留保の蓄積による自己資本の充実であるが，これも近年の資本市場の変化を観察すると若干の懸念材料がある．それは，日本企業の株主構成において，外国人投資家や機関投資家の持株比率が上昇し，株主への利益還元のプレッシャーが高まったことである．日本経済新聞の 2007 年 3 月 19 日の記事によれば，日本の上場企業は 2006 年度に配当金と自社株買いを合わせて 13 兆 3000 億円程度を株主に還元した．この金額は過去最高であり，当年度の利益の半分に相当するという．こうした株主への利益配分は，内部留保による自己資本の増加を抑えるから，企業の自己資本利益率(ROE)を高める効果をもつ(レバレッジ効果)．ただそれは，株主からは好感されるとしても，内部留保の蓄積が進まなくなることは，企業の倒産リスクの点からみると決して望ましいことではない．現在，日本の大企業の負債比率はそれほど高いレベルにないので，内部留保の蓄積の減少は当面のところは大きな問題にはならない．しかし，将来的に企業の業績が落ち込み財務状況が悪化した場合に，株式市場から現在と同様の株主還元や ROE 重視の財務政策を求められると，企業の倒産確率が上昇して大きな社会的コストが発生する可能性があることは認識しておく必要があろう．

最後に，近年の日本企業を取り巻く変化の 1 つに，コーポレートガバナンスの新しい形を探る動きがある．その中でも特に，社外取締役の導入をめぐる議論が盛んに行われている．これまで日本の企業の取締役は，内部者(すなわち従業員からの昇進者)がほとんどであったが，最近では社外取締役をおく企業が徐々に増えつつある．社外取締役のメリット・デメリットについては様々な議論があるが，企業倒産リスクの削減という面からは，メリットの方が大きい

と推察される．図2で見たように，企業倒産の原因には，不況または構造的要因に含まれる赤字の累積や，事業上の失敗，事業外の失敗，過大な設備投資等の経営上の失敗がある．こうした経営不振や経営上の失敗は，企業の取締役会が内部者だけの場合により起こりやすくなると考えられる．その第1の理由としては，内部者だけで意思決定を行うとしばしば判断を誤るケースがあることである．Kahneman and Lovallo(1993)は，社内の意見を inside view と呼び，それが過度に主観的，楽観的になりやすいことを指摘している．そして，より客観的，中立的な社外の意見，outside view を導入することに大きなメリットがあることを主張している．第2の理由として，日本の取締役会が伝統的に社長を頂点としたヒエラルキーの構造をもち，社長が意思決定を誤ったときにそれを他の社内取締役が正すのは簡単でないことがあげられる．この点，社外取締役は社内のヒエラルキーの外にいるので，社長へ意見することが容易であり，また場合によっては社長の解任を提案するイニシャティブもとりやすい．第3の理由としては，内部者だけの取締役会では，内部のしがらみ等で最適な決定ができなくなる可能性があることである．たとえば，前社長が会長として取締役会のメンバーに残っていると，現社長が前社長の方針を覆すことはむずかしいといわれる．この場合でも，しがらみのない社外取締役の意見は貴重になろう．これらのことから判断すると，日本企業に社外取締役を導入することのメリットは大きいと考えられる．アメリカ企業のように社外取締役が取締役会の過半数を占めるとまではいかなくとも，少人数であっても社外取締役をメンバーに迎え，その意見を参考にするとともに，何らかの規律を受けながら経営を行っていくことは必要であろう．そのことは，経営上の失敗を減らし，倒産リスクを引き下げる上で一定の効果をもつものと考えられる．

おわりに

「企業が倒産したら大変なことになる」．これは日本に住んでいる人たちが，一般的に実感するところであろう．そうであるので，この章の冒頭に上げた Wall Street Journal の記事の内容もよく理解できる．企業が倒産して人々が職

場を失うと，金銭的にも窮地に追い込まれるであろうし，一緒に働く仲間，自らが所属する集団，そして場合によっては生きがいをも失うことになる．したがって，日本においては，各企業が倒産の可能性を引き下げるために，様々な対策をとってきたと考えられる．そして，この倒産の回避という点から見ると，日本企業のいくつかの行動特徴（リスクをとらない経営，内部留保の蓄積，いざというときのためのメインバンクとの関係の強化）も，自然な形で説明できる．

ただ，企業倒産に関するこうした見方は，日本社会の観察からは容易に得られるものであっても，標準的な経済学，金融論の世界では，ほとんど議論されてこなかった．そこでは，「企業は株主のもの」であり，「自らの資金を分散投資している株主にとって1つの企業の倒産は深刻な事態ではない」という考え方が支配的であったと思われる．この伝統的な考え方は，アメリカの企業をみるにあたっては適切な面もあるのかもしれないが，日本においてはすんなりと受け入れることができないものである．

したがって，企業の倒産リスクをどう考えるかに当たっては，それぞれの企業が直面する文化・慣習・制度・環境をどうとらえるかが重要になる．この点からすると，資本市場のグローバル化の中で，これまでよりも株主重視の経営が求められるようになった日本企業に関して，その倒産に関する見方も標準的な経済学・金融論が想定する方向に変化する可能性がないとはいえない．しかし，その一方で，日本企業が「人＝財産」として長期雇用を保持し，「集団主義」「仕事が生きがい」という日本人の行動特性に大きな変化がない限り，「企業の倒産は大変なことであり，そのリスクは何としても小さくしなければならない」という見方は，日本社会において今後も続いていくと考えられるのである．

*）本研究は，大阪大学21世紀COEプロジェクト「アンケートと実験によるマクロ動学」によって実施された「くらしの好みと満足度についてのアンケート」の結果を利用している．本アンケート調査の作成に寄与された，筒井義郎，大竹文雄，池田新介の各氏に感謝する．また，本文中で紹介したアンケートの5つの質問（表1参照）の作成に関しては，2004年の夏に新井泰弘と行った研究プロジェクト「日本社会の特

質を探る」の成果が大いに役立った．さらに，本章の冒頭で紹介した Wall Street Journal の記事の細部の解釈に関して，ケイト・エルウッド氏にご教示いただいた．ここに記して感謝の意を表したい．

参 考 文 献

会田雄次(1972),『日本人の意識構造――風土・歴史・社会』講談社現代新書

阿部謹也(1995),『「世間」とは何か』講談社現代新書

亀田制作・高川泉(2003),「ROA の国際比較分析――わが国企業の資本収益率に関する考察」日本銀行調査統計局『Working Paper Series』2003 年 9 月

河村耕平・広田真一(2002),「株主によるガバナンスは必要か？　日本企業へのインタビューとモデル分析」伊藤秀史編著『日本企業変革期の選択』東洋経済新報社

田中一弘(2006),「利益率格差の背後にあるもの――日米の企業観，市場観，利益観」伊丹敬之編著『日米企業の利益率格差』有斐閣

寺西重郎(2004),「日本の金融システム，仲介型選択に合理性」日本経済新聞(経済教室), 2004 年 6 月 22 日

東京商工リサーチ(2007),『全国企業倒産白書 2006』

樋口美雄(2001),『雇用と失業の経済学』日本経済新聞社

広田真一(1998),「企業財務戦略と金融機関との関係」黒田晁生・米澤康博・新保恵志・広田真一著『企業財務戦略ビッグバン――コーポレート・ファイナンスの再構築』東洋経済新報社

広田真一(2001),「メインバンク関係の現状と将来――理論・アンケート・インタビューによる考察」『早稲田商学』391 号, pp. 69-103

福田慎一・鯉渕賢(2006),「不良債権と債権放棄――メインバンクの超過負担」『経済研究』57 号, pp. 110-120

星岳雄(2006),「ゾンビの経済学」岩本康志・太田誠・二神孝一・松井彰彦編『現代経済学の潮流 2006』東洋経済新報社

Kahneman, D. and D. Lovallo (1993), "Timid Choices and Bold Forecasts: A Cognitive Perspective on Risk Taking", *Management Science*, vol. 39, pp. 17-31

Kato, T. (2001), "The End of Lifetime Employment in Japan?: Evidence from National Surveys and Field Research", *Journal of the Japanese and International Economies*, vol. 15, pp. 489-514

Jackson, G. and H. Miyajima (2007), "Introduction: The Diversity and Change of Corporate Governance in Japan", in M. Aoki, G. Jackson, and H. Miyajima (eds.), *Corporate Governance in Japan: Institutional Change and Organiza-*

tional Diversity, Oxford University Press, forthcoming

Sheard, P. (1989), "The Main Bank System and Corporate Monitoring and Control in Japan", *Journal of Economic Behavior and Organization*, vol. 11, pp. 399-422

Sheard, P. (1994), "Main Banks and the Governance of Financial Distress", in M. Aoki and H. Patrick (eds.), *The Japanese Main Bank System : Its Relevance for Developing and Transforming Economies*, Oxford University Press

3.11後のリスク学のために

3.11後の経済と政策

橘木俊詔

2011年3月11日の東日本大震災は人々の経済生活に大きな打撃を与えた．この大被害の影響を分析するとともに，復興をどのように考えればよいかを，経済の視点から議論することが本章の目的である．

I 大災害や戦争の後に経済は回復する

　大災害や戦争によって大被害の発生することは避けられないが，多くの場合にはその後に経済が復興することは歴史が物語っている．第一次世界大戦のドイツにあっては，人的・物的被害が甚大であったが，戦争賠償金の減額や国内での経済対策の成功によって経済は復興した．特に後者に関して重要なことは，ヒトラーが国家社会主義を旗印にして軍事力の増強に努めたために重厚長大の産業の振興に成功して，ドイツ経済は再び強くなったことである．例えば兵器を作るための鉄鉱・石炭・機械工業の発展があった．ヒトラーのナチス党は不幸にしてその後，全体主義，帝国主義，人種主義に走って第二次世界大戦の起爆剤となったし，ユダヤ人迫害という人類史上における大汚点を残した．しかし，ヒトラー・ドイツの前半期は第一次大戦による破壊から立ち直ることには成功したのである．
　第二次世界大戦は日本，ドイツ，イタリアの敗戦で終結したが，この3カ国

の被害は甚大であった．他の西欧諸国も戦場になっただけに戦勝国にもかかわらず被害も大きかった．この大戦における破壊を救ったのは「マーシャル・プラン」と呼ばれるアメリカを中心にした復興支援であったし，各国の公共事業を中心にした財政支出の増加によって，経済は復興することとなった．特にヨーロッパ諸国は破壊から繁栄へという経済の大転換に成功した．

　日本もアメリカによる各種経済支援，大戦後に勃発した朝鮮戦争による特需，そして日本人の努力による経済復興策が功を奏して，1950年代の半ばから高度成長期に入るのである．戦後復興の成功例として日本経済は特筆すべき国となったし，ドイツ，イタリア，日本という敗戦国は見事に立ち直って，復興のシンボルとなった．特にドイツと日本はその後最強の経済大国にさえなった．

　戦争による破壊から復興・繁栄を果す理由として，経済が落ち込みすぎたことによる初期値の低さが高成長を促しやすいということは無視できないが，何よりも財政支出の増加が成長率を高めることによる．後者は経済学でいうケインズ政策の効果と言ってよい．本来は不況を克服するための経済学を主張してケインズは登場したのであるが，公共事業を中心にした財政支出によって戦争の破壊から経済を立ち直らせたのである．さらにその後の繁栄をもたらすことから，戦争はケインズ経済学を実践する最大の契機となる，と多少の皮肉を込めて評価する声すらある．このことから第二次大戦後の経済学界はケインズ経済学の絶頂期であった．

　大災害はどうであろうか．1995年の阪神・淡路大震災が良い例である．東日本大震災のような津波や原発の被害はなく，大揺れと火災による家屋や工場，事務所，インフラ機能の被害がほとんどであった．これらの被害から回復するために，民間部門と公共部門による復興投資が巨額に達して，経済は復興・繁栄を経験するのである．阪神・淡路大震災後，日本経済は小規模ながらも好景気の時代を迎えたのであり，日本においても大災害の後には経済が好転するという歴史を経験したのである．もう1つの例は，阪神・淡路大震災以前の1993年の北海道南西沖地震における奥尻島での津波・火災被害である．被害者の数は少なかったが，これに対しては全国から多額の義援金が集まり，「焼け太り」と揶揄されたほど復興に成功したのである．これら2つの震災は，ケインズ経済学による経済復興・繁栄という例の象徴と理解してよい．

II　2011年の大被害は例外か？

　2011年の東日本大震災をどう評価すればよいのだろうか．2年ほどを経過した現段階で評価すれば，奥尻島や阪神・淡路の場合と比較して復興は進んでおらず，まして繁栄などという言葉は到底用いられないほど回復はしていない．破壊された家屋，建物，工場，道路，港湾などの多くはいまだに再建されておらず，しかも福島原子力発電所の被害によって避難を余儀なくされた人々は自分たちの元の家に戻っていない．

　なぜ復興が遅れているのであろうか．第1に，阪神・淡路大震災よりも被害規模がはるかに大きいことがある．それは被災範囲が岩手，宮城，福島という広い地域に跨るということのみならず，受けた被害の質と量がかなり違うことが大きい．復興に時間がかかるし，額も大きい．

　ここで，経済被害の推計額を永松(2012)から引用しておこう（表1）．原推計は内閣府の防災担当と経済財政分析担当による推計である．

　まず，阪神・淡路大震災では被害額は総額約9兆6000億円であるのに対して，東日本大震災では防災担当と経済財政分析担当（ケース1）がおよそ16兆円から17兆円と推計しており，経済財政分析担当のケース2の場合には約25兆円である．防災担当のものは阪神・淡路と同じ方法による推計であり，比較の意味がある．それによると東日本は阪神・淡路の約1.8倍となるので，今回の震災の被害額がいかに大きいかがわかる．なお経済財政分析担当においてケース1とケース2で大きな違いのあるのは推計方法の違いによるものであって，ここではその差がどこにあるのかを探究しない．

　この表でわかるもう1つの点は，ライフラインや社会基盤施設の被害推計値はどれも似た額であるのに対して，建築物の被害額がこれらよりもはるかに巨額であることである．大震災の被害の大半は，住居，工場，事務所などの建築物に発生していると結論づけられる．瓦礫の処理も大きな問題である．これらの大被害をどのように復興させるのか，その方法や対策がまだ確定しないことが，復興を遅らせている一因でもある．政府がこれを早急に確立する必要があ

3.11後のリスク学のために

表1 東日本大震災の経済被害の推計

	東日本大震災 (内閣府[防災担当])	東日本大震災 (内閣府[経済財政分析担当])		阪神・淡路 大震災 (国土庁)
		ケース1	ケース2	
建築物等 (住宅・宅地, 店舗・事務所・ 工場,機械等)	約10億4千億円	約11兆円 建築物の破損率の想定 津波被災地域： 　阪神の2倍程度 非津波被災地域： 　阪神と同程度	約20兆円 建築物の破損率の想定 津波被災地域： 　ケース1より特に大きい 非津波被災地域： 　阪神と同程度	約6兆3千億円
ライフライン施設 (水道,ガス, 電気,通信・ 放送施設)	約1兆3千億円	約1兆円	約1兆円	約6千億円
社会基盤施設 (河川,道路, 港湾,下水道, 空港等)	約2兆2千億円	約2兆円	約2兆円	約2兆2千億円
その他　農林水産	約1兆9千億円	約2兆円	約2兆円	約5千億円
その他	約1兆1千億円			
総計	約16兆9千億円	約16兆円	約25兆円	約9兆6千億円

注：ストックの区分は内閣府(防災担当)の推計で用いたものによっており,推計により若干異なる.
出所：内閣府(防災担当)発表資料より抜粋.松永(2012)より引用

るが,政治の世界は混乱の状況にあるし,総選挙のあとで,司令塔が固まっていないと言ってよい.

　復興が遅れている理由の第2に,今回は原発事故という特殊な被害があったので,通常の復興政策とは異なる手段が必要なことである.例えば,放射能被害から逃れるための対策(除染作業や人体の健康予防など),破壊された原発を廃棄するための対策,移転を余儀なくされた人々や工場・事務所をどこに移転するのか,といった大きな課題が残っている.どういう政策をとるのかといったことに加えて,かかる費用も巨額であるし,正確な費用を予測することも困難である.

　第3の重要な問題は,原発稼働にはリスクが大きいということを国民に知らしめたので,日本で今後既存の原発をどうすればよいかを決定せねばならないことである.現在はほとんどの原発が検査で一時停止中なので再稼働していな

いが，再稼働させるべきかどうか国論が定まっていない．さらに，再稼働していない原発に替わる電力の源として，石炭，石油，LNG などの化石燃料を用いているので，電気代の上昇が避けられず，これが経済一般に与える影響が大きいだけに，どうすればよいかという課題がある．それに加えて，再生可能な資源を用いて発電するときに生じる様々な問題もある．例えば，費用がかかるとか，技術が未発達といった点である．これら原発に関する課題については後に議論する．

　ここで述べたことをまとめると，戦争や大災害で経済が大きな被害を受けたとき，通常では復興策が大胆に採用されるので多くの事例で復興に成功しているが，今回の東日本大震災ではそれが遅れているといってよい．被害の大きすぎることにその一因があるが，原発事故というこれまでなかったことの影響が大きい．さらに政治の世界は首相が毎年替わるという不安定さにあるので，復興策が確固たるものとして進行していないという要因もある．

III　マクロ経済政策効果と限界

　復興のための公共支出が長期間にわたって計画されているが，震災を2年ほど経験した現在，復興投資による効果はまだ現れていない．震災直後は日本経済がリーマンショックからの回復過程にあったので，その影響によって2011年度はなんとか負の経済成長率を避けることができたが，2012年度の6-9月期はマイナス成長となった．震災復興投資があったのにもかかわらずのマイナス成長なので，よほど日本経済全体が不況期に入ったと理解するのが賢明である．今後も復興投資は続くのであるが，それが日本経済全体の不況を克服するための起爆剤になるような気配はなく，景気はますます悪化しそうである．

　こういう状況で復興投資をいくら投じても大きな効果を発揮するとは考えにくく，過去の戦争や大災害後の復興投資が果したような好効果は期待できない可能性が高い．むしろ日本経済全体での景気対策が採用されるべきだという判断の方が正しい．新しい自民党政権では金融緩和策をもっと強烈に行うべく，インフレ・ターゲットの導入，国債の日銀引き受けを含む日銀法の改正といっ

たことなど，資金を過剰に金融市場に入れ込む策を主張している．私の判断は，すでに資金は市場に十分あるので，たとえ資金を流してもそれを借りようとする企業は少ない．実体経済をもっと活性化して，資金需要を高める必要がある．さらにもしこれ以上の金融緩和を行って，日銀は国債引受をしないという「禁じ手」を解禁するようなことが危険である．

　では実体経済のどの分野へ投資を行うかといえば，エネルギー，環境，福祉，医療・薬品といった今後需要の期待できる分野である．エネルギーは，電力における原発比率を徐々に下げていくために再生可能な代替エネルギーへの期待が高まるだけに，特にこの分野への投資は期待できる．この新分野への投資の財源としては，民間投資と公共投資の双方を考える．民間にあっては旧来の産業から新しい産業への転換投資に期待する．それは既存の企業内での投資先の転換，あるいは既存企業がまったく新しい産業に転換すること（スクラップ・アンド・ビルド策），さらに新企業の参入などがあってよい．新規設備投資への減税策は考えられてよい．

　公共投資の財源としては公債発行には期待できない．なぜなら日本の財政はこれ以上借金を増やせないからである．そうであるなら増税策しか残されていない．消費税の増税はすでに決まっているが，それは少子・高齢化の下でほとんどを福祉と社会保障に使用すべきなので，公共投資の財源の候補は法人税と所得税である．法人税は企業の国際競争が激しく，各国の法人税率が低下傾向にある中で，日本だけ上げるのは困難である．残るは所得税であるが，今年度から向こう何年間か東北地方の復興財源として所得税が上げられるので，これもやや困難である．そうすると増税による財源調達はなかなか実行できない状況にある．

　むしろここで強調しておきたいことは，公共投資の乗数効果が小さくなっていることである．ケインズ経済学が登場した当時は，減税や公共投資の効果が大きかったが，現代では乗数効果の数字の値が小さくなっているので，景気浮揚策として大きな役割を期待できない時代になっている．ここ2,30年にわたって日本政府は景気対策として公共事業を行ってきたが，成功しない時代となっていることでそれがわかる．残るのは巨額の財政赤字だけ，という時代なのである．公共投資にさほどの期待は無理なのである．

Ⅳ 発想の転換を ── 被害者支援と定常状態へ

　そうであるのなら，新しい発想をせねばならない．つまり民間投資も公共投資もほどほどでよい，という発想の転換を主張したい．しかし，すでに示したように，東日本大震災の被害額は甚大であるし，被害を受けた人々の生活を元に戻すために住宅などの建築投資を一層進めることだけは実行したい．そのために全国民からの所得税増税分の収入を財源に充てることはまっとうな政策である．なぜ一般国民の拠出による財源を用いるかといえば，大震災の被害は自然災害によるものであり，本人には過失も責任もない．自己に責任がなく住む家のなくなった人は，社会で支援すべきだ，という合意はあってよい．

　もとより家屋などは私的財，あるいは私有財産なので，あくまでも自分の財力で調達すべしという主張はある．自由主義と資本主義の社会とはそういうものだ，という信念の発露である．しかし憲法を持ち出すまでもなく，国民は最低限の生活をする権利を有している．所得のない人，あるいは低い人で自己資金で住む家屋を確保できない人には，貸家なら家賃補助，持ち家であれば自己資金の一部や銀行借入れの一部を補塡してよいと思う．

　次の発想は，経済成長を求めるという経済思想を持つことをやめよう，ということである．専門的な言葉を用いるなら，経済は「定常状態」にあること，あるいはゼロ成長率で十分である，ということである．日本人は少子化を自ら選択したので人口は減少に向かうのであり，労働力人口の減少と家計消費という内需の減少はその帰結なので，そもそも経済成長を望まない，と日本人が選択したと筆者は解釈している．「定常状態」はJ.S.ミルが150年ほど前に提唱した概念である．人口や資源制約が強い経済にあっては経済成長を求めることは不可能であるのが，まさに現在の日本である．

　第二次世界大戦後に経済が絶好調だった頃を経て，その後環境問題が深刻となった．水や空気の汚染，森林の枯渇などの環境悪化が顕著となり，経済成長がこれを促進していると判断されるようになったのである．これ以上経済成長を望めば，環境問題はもっと深刻になるので，それを避けるためにもゼロ成長

率で仕方がない，という主張である．現代では環境問題に関しては環境と人間社会を共存させる持続可能な経済であるべしと主張するデイリー(2005)の主張に共鳴する．

石炭・石油・鉱物などの天然資源の制約，そして地球環境問題の悪化などから，経済を強くする経済成長を求めるべきではない，という経済思想の台頭がある．この思想はまだ多数派になっておらず，生活水準の向上を求める経済成長にはまだ根強い支持がある．ゼロ成長率などはもってのほか，という意見が強いが，ここで発想の転換をして，定常状態，あるいはゼロ成長率論への支持を表明したい．しかし実際問題として，生活水準の向上がない世界は人間にとって酷なことなので，筆者は日本経済において 0.5 から 1.0% の成長率が達成できることを求めてよいと思っている．

0.5 から 1.0% の成長率で十分と主張するもう1つの論拠は，福島原発の事故により，電気エネルギーを今の水準以下の需要で生活する時代になってよい，と考えるからである．経済成長を確保するには，エネルギーの活用が必須である．安心・安全のために原発の利用を抑制する，あるいはゼロにする，という社会での合意があるのなら，より豊かな経済生活を求めること，すなわち経済成長を求めることを諦めるということを決意せねばならない．

V 福島原発事故の教訓

福島原子力発電所が大津波の被害を受けて，原子炉において水素爆発が発生し，放射能危機にさらされたことは記憶に新しい．アメリカのスリーマイル島事故，旧ソ連(現ウクライナ)のチェルノブイリ事故に匹敵するほどの大事故であった．この事故の処理方法が適切であったかどうかの判断は，理学と工学の知識が必要なのでここでは語らず，なぜ日本で原子力発電が重宝されてきたのか，そしてその影響について議論しておこう．

電力は人々の日常生活のエネルギー源のみならず，産業における動力源として重要な役割を演じてきた．その電力をつくる手段として原発が重宝されてきた要因として次の3つの大きな事実がある．

第1に，原子爆弾というイメージから原子力は危険な手段と考えられてきたが，安全性を確保するために原子力工学の発展は著しく，安全に原発を作動させる技術が進歩した．もとより「絶対に安全」ということは不可能であるが，安全性が高まったことは事実なので，原子力発電への許容度が人々の間で高くなった．

第2に，これがもっとも重要な要因であるが，原発に頼るということは他の方法(例えば石炭・石油などの火力，水力，天然ガスなど)よりも低コストで発電できるということが流布されるようになった．すなわち例えば石油であれば，1973年の中東戦争の勃発を機におこったオイルショックによって石油の値段が4倍にも高騰したことから，電気代が非常に高くなって人々の家計や産業界の負担が重くなった．比較的低コストで原子力発電がなされるという認識が強くなっていたので，原発への期待の高まったことが大きい．

さらに，石炭，石油，天然ガスといった化石燃料の消費を発電のために続ければ，いずれこれらは地球上から枯渇するかもしれないという危機意識が高まり，他の手段を用いることへの期待もあった．原発の原料であるウラン鉱石は比較的低価格で調達できるし，ウラン資源の枯渇といった恐れはまだなかったのである．

第3に，化石燃料を用いて発電すれば，CO_2を筆頭に多大な排出物を生むのであり，これが環境問題に大きな悪影響を与える時代になっていた．すでに述べたように地球温暖化，水や空気の汚染，土地の砂漠化など様々な形での環境破壊が深刻化した．1972年のローマクラブによる「成長の限界」論は，環境問題への警告であった．比較的クリーンに発電できる原子力を用いる気運を高めたのであった．

原子力の平和利用ということが，戦後一貫して声高に叫ばれたのであるが，その背後にはこれら3つの理由が存在していたのである．しかしここで列挙した3つの理由のうち，第2の理由に関しては専門家による反対の主張のあったことは付記しなければならない．例えば，高木仁三郎(1981)，大島(2011)で代表されるように，化石燃料，原子力，再生可能エネルギーなどの種々の資源を用いて発電するとき，原発の発電コストは考えられているほど低コストではなく，むしろ高コストであると計算している．

3.11 後のリスク学のために

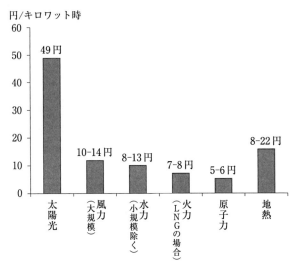

出所：経済産業省『平成 21 年度エネルギーに関する年次報告(エネルギー白書)』2010 年より作成したもの．大島(2011)より引用．

図1　政府による各電源の発電コスト

具体的には，原発の施設を作るとき，地元を説得するために公共施設，道路など様々な支出をしていることからわかるように，いわゆる政策コストと称されるコストがある．ここで政策コストを含んでいない発電コストとそれを含む発電コストを比較しておこう．図1と表2はそれを示したものである．前者でキロワット時あたり原子力が 5-6 円であるのに対して，他の火力や水力は 7-13 円，風力は 10-14 円，太陽光は 49 円であり，原子力がもっとも安価である．後者によると原子力は 10.25 円となり，高い部類に属する．さらに，前者よりおよそ 2 倍と高くなっているので，原子力の場合には政策コストがかなりかかることがわかる．

福島原発事故による賠償支払いや発電施設の修理，廃炉をするための費用などは，現時点では明らかではないが，巨額となることは確実である．

原子力でもっとも困難なのは，発電後の廃棄物の処理をどうするかであるが，本来ならばこれらの廃棄物の再処理コストも費用に含めねばならない．大島(2011)によるとこれらはバックエンドコストと呼ばれ，なんと 18 兆 8000 億円である．このコストを原子力の発電コストに算入すれば，キロワット時あたり

表2 発電の実際のコスト(1970-2010年度平均)

(単位：円/キロワット時)

	発電に直接要するコスト	政策コスト		合計
		研究開発コスト	立地対策コスト	
原子力	8.53	1.46	0.26	10.25
火　力	9.87	0.01	0.03	9.91
水　力	7.09	0.08	0.02	7.19
一般水力	3.86	0.04	0.01	3.91
揚　水	52.04	0.86	0.16	53.07

出所：大島(2011)

どれだけになるかわからないが，大きくはね上がることは間違いない．これら様々のコストを合算してから化石燃料や再生可能エネルギーによる発電コストと比較すると，原発の方がコスト高と計算されているのである．

もし専門家による原発のコスト計算が正しいのであれば，原発は安上がりの発電という認識を改めて，化石燃料や再生可能エネルギーを用いた発電に切り替えるという政策が推奨されることになる．しかし化石燃料をもっと用いるという案は，再び環境問題を世の中に登場させるのであり，この点を解決せねばならない．さらに，風力，太陽光，地熱などの再生可能エネルギーに関してのコスト計算はこれからの課題であるし，そもそもこれらを用いた発電の技術もこれからの進歩に期待せねばならない点がある．

これらのことを総合して考えると，どういう方法を用いて発電を行うのか，という論点に関しては，現時点ではどういう政策を採用すべきか，確固たる解答はないといった方が無難である．そうであるならさしあたりの解答は，本章でもすでに述べたことであるが，発電総量の増加を求めずにむしろ節電策の援用が現実的な政策であるといえよう．具体的に述べれば，贅沢な生活をしないこと，高い経済成長を求めないこと，ということになろうか．

最後に，贅沢な生活をしないこと，あるいは経済成長だけを求めないという姿勢は，人間の「幸せ」を低めることにはならず，むしろそれを高めることにつながる，という発想のあることがここでの主張のもう1つの根拠である．筆者は幸福の経済学を現在研究中であるが，これによると人々の幸福は経済生活

だけから得られるものではない，という暫定的な結論に達している．他にも人間の「幸せ」を感じることが多くあるので，なにも経済生活，経済成長に固執する必要がないのである．詳しくは橘木(近刊)を参照されたい．

参考文献

高木仁三郎(1981),『プルトニウムの恐怖』岩波新書

大島堅一(2011),『原発のコスト――エネルギー転換への視点』岩波新書

デイリー，E.ハーマン(2005),『持続可能な発展の経済学』新田功・藏本忍・大森正之訳, みすず書房

橘木俊詔(近刊),『「幸せ」の経済学』岩波現代全書

永松伸吾(2012),「日本経済への影響と地域経済効果」関西大学社会安全学部編『検証 東日本大震災』ミネルヴァ書房, 第5章, pp.119-133

経済学関連文献解題

【医療・介護・年金関連】 駒村康平 編

駒村康平 2003,『年金はどうなる』岩波書店

　年金制度については，多くの国民は漠然とした不安を持っている．実際に，筆者が国民の年金に関する知識調査を行ったところ（駒村康平（2007），『年金制度と個人のオーナーシップ』総合研究開発機構），20, 30, 40 歳代の知識・関心は低く，50 歳になり急に年金に知識・関心を持つようになる．一見複雑に見える年金制度も，基本的に仕組みは意外にシンプルである．この本では，年金制度の歴史，仕組み，直面している問題点，日本や諸外国の改革の動向をわかりやすく紹介している．年金制度の基本的な仕組みを知らないと過大な不安を持ったり，制度改革への評価ができなくなる．

池上直己 2006,『ベーシック医療問題』日本経済新聞社

　医療保険・介護保険制度に関する基本的な仕組みを分かりやすく説明している．制度，機能，そしてそれを支えるメカニズムを知ることにより，現行の医療保険・介護保険がどのような課題を抱えているか理解できる．特に，2006 年には 20 年ぶりの医療保険の大きな改革が行われた．高齢者向けの医療サービスの内容や保険負担方式も大きく見直されることになる．また，生活習慣病予防のための取り組みも強化されている．

国立社会保障・人口問題研究所編 2005,『社会保障制度改革』東京大学出版会

　医療保険・介護保険・年金だけではなく，生活保護や社会保障制度全体に関する最近の研究動向が整理されている．年金を中心にした現在の社会保障制度は，基礎年金額の実質的な引き下げ政策により全体の整合性を失いつつある．生活保護や最低賃金と年金額のバランスをどうするか，低下していく年金から高齢者が医療・介護保険の保険料や自己負担分を捻出できるのか，社会保障制度全体を見渡した改革が必要になる．

社会保障審議会年金数理部会 2006,『平成 16 年財政再計算に基づく公的年金制度の財政検証』

　「年金の財政状況は公表されていない」という話を聞くが，それはマスコミなどの勉強不足であり，間違いである．年金の財政の現状と予測は，この報告書によって，かなりの部分公表済みにされている．これまでは，この報告書を分かりやすく一般向けに解説した「年金白書」が厚生労働省から不定期に出版されたこともあったが，最近は出版されることはなくなっている．複雑な改革の必要性と意義をどのように国民に伝えるかは，政府や研究者の責任であろう．本報告書は厚生労働省のホームページから入手可能であるが，読

みこなすには骨が折れる．しかし，このレポートが，2004年の年金改革の根拠である．

【失業・労災関連】　太田聰一 編

Layard, Richard, Stephen Nickell and Richard Jackman　2005, *Unemployment : Macroeconomic Performance and the Labour Market*, Second Edition, Oxford University Press
　これは，失業を分析しようとする者にとっては必携の，きわめて名高い失業に関する包括的研究である．最初に，失業問題の理論的基礎付けが検討された後，OECD諸国における失業の実証分析が続き，最後に政策的な問題が吟味されている．本書の読破には，中級レベルのミクロ経済学と計量経済学の知識が必要となろう．

【貧困関連】　阿部彩 編

岩田正美　2007,『現代の貧困――ワーキングプア／ホームレス／生活保護』ちくま新書
　現代における貧困を，具体的な事例をちりばめながら解説した入門書．ワーキングプアやホームレスとはどのような人なのだろうか，少しでも疑問に思ったことがある人には是非読んで頂きたい一冊である．

Bradshaw, J. and R. Sainsbury　2000, *Researching Poverty*, Ashgate
　イギリスにおける貧困研究の集大成．タウンゼンドを始め，著名な筆者らが最新のデータを用いて貧困の実証研究を試みている．貧困から社会的排除へと概念が変化していった過程も詳しく論じられている．

【環境リスク関連】　岡敏弘 編

中西準子　1995,『環境リスク論』岩波書店
　90年代前半，環境問題が新しい様相を示し始めたことをいち早く捉え，リスクという考え方の必要性を打ち出した．過去の水銀問題をリスクで捉え，ベンゼンのリスクを測り，費用との兼ね合いを取り込む方法を提案．さらに，生態リスクを評価する必要性と基本視点を打ち出す．日本のリスク論はここから始まり，大事なことはほとんどここに出ている．

Shapiro, S. A. and R. L. Glicksman　2003, *Risk Regulation at Risk : Restoring a Pragmatic Approach*, Stanford University Press
　費用便益分析批判．費用便益分析派によってリスク規制が危機に瀕していると警告．プラグマティズムによるリスク管理を提唱する．

岡敏弘　2006,『環境経済学』岩波書店
　新古典派，マルクス派，エントロピー経済学の考え方，それらの違いを説明．古典的公害，化学物質リスク，生物多様性，地球温暖化にそれらをどう適用するかを示す．費用便益分析の基礎と限界を論じ，生態系リスクを生物多様性損失の指標で示す方法も提案．

【雇用関連】　永瀬伸子 編

Houseman, Suzan and Machiko Osawa eds.　2003, *Nonstandard Work in Developed Ecomonies : Causes and Consequences*, Upjohn Institute（大沢真知子／スーザン・ハウスマン編著，大沢真知子監訳(2003),『働き方の未来——非典型労働の日米欧比較』日本労働研究機構）
　日米欧の非典型的雇用の比較を目指して2001年に米国で行われた国際会議報告．米国，フランス，英国，ドイツ，オランダ，スウェーデン，デンマーク，イタリア，スペイン，日本の非典型的雇用の類似性と法制度の差異が扱われている．パート，有期雇用などの非典型的雇用はどの国でも拡大しているが，法規制のあり方により，典型的雇用との労働条件格差は国によって異なっている．たとえば同じ欧州でも，均等待遇の推進を前提にパート労働をすすめるオランダと，そうでない英国とで差がある．日本は，正社員と非正社員とで雇用保護の格差が特に大きいことが示されている．

菅野和夫　2004,『新雇用社会の法』有斐閣
　日本の正社員と非正社員との賃金格差は，経済学のメカニズムからだけでは十分な理解はできない．労働法の理解が必要である．日本は，新卒採用，企業内訓練，年功型賃金といった独特の長期雇用慣行を持つが，本書は労働法の素人にわかりやすい解説を提示してくれる．また日本で男女賃金格差が縮まないのはなぜか，法理についても理解がすすむ．経済学者が労働法学者の一般的な議論を理解するために読んでおくべき一冊である．なお評者は労働法の素人ながら，非正規雇用に対する雇用保護拡大が実施されることを期待している．

索　引
(文献解題は除く)

ア 行

アドバース・セレクション(逆選択)　5, 17
安全衛生規制　54
安全衛生マネジメントシステム　63
いざというときのメインバンク　161, 166, 167
遺族年金　30
医療保険　9, 14-19, 24
受入補償額(WTA)　98-103, 105-107

カ 行

介護保険　9, 14, 15, 18, 23
皆保険制度　18
格差社会　3
確率的生命　100, 106, 107
確率的生命の価値(VSL)　100, 101
家族給付基金　142
環境問題　8
環境リスク　95, 101, 102, 113
完全競争市場　7
完全失業率　44
完全生命　27
企業倒産　7, 147, 149, 150, 152, 154, 155, 157, 158, 162, 165, 168, 169
企業倒産のコスト　152
企業倒産リスク　147, 149, 158-160, 165, 167
求職意欲喪失効果　51
強制保険　4, 57
強度率　45
クレジットクランチ　51
限定された合理性　106, 118, 119
高額療養費制度　18
後期高齢者医療制度　24
厚生年金　26, 29, 34

公的年金制度　26, 30
衡平　106
功利主義　105, 118
効率性　96, 103
効率賃金仮説　43
コーポレート・ガバナンス　8, 167
国民年金(基礎年金)　26, 29, 34, 36
子どもの貧困率　85
雇用調整助成金　52
雇用の受け皿　51
雇用保険　14, 42, 55

サ 行

財政・金融政策　52
シェリング　100
仕事の生きがい　155-157, 169
失業　41
失業保険制度　2
失業リスク　44
支払意思額(WTP)　98-102, 105-109, 113, 118
社会的排除　67
社会的連帯感　6
社外取締役　167, 168
社会保険　9, 14, 22, 24, 25
就業構造基本調査　132
集団主義　155-157, 169
障害年金　30
職業訓練　53
所得再分配　25
所得低下リスク　56
診療報酬制度　20
生活習慣病　21, 24, 25
生活保護　25
正規社員　2
制御可能なリスク　109

189

索　引

制御不可能なリスク　109
生産性格差仮説　48
セーフティネット　1
潜在的パレート改善　97
相対的剥奪指標　87
その他のパートタイマー　125
「ゾンビ」企業　165

タ 行

第3号被保険者　135
タウンゼンド　87
短時間パートタイマー　125
長期雇用　154, 155, 159, 165, 166, 169
賃金交渉仮説　43
積立方式　31
独占的な保険会社　7

ナ 行

ニート　61
年金保険　9, 14

ハ 行

パレート改善　97, 99, 102
非正規社員　2, 50
費用効果分析　120
費用便益分析　96, 99, 100, 102, 103, 105-108, 113, 118, 120
貧困と社会的排除指標　72
貧困のリスク　3, 65
貧困率　69, 70
賦課方式　9, 31
負債比率　159, 160, 163, 164
負の税制（Earned Income Tax Credit）　142
プラグマティズム　105, 114, 115
フリーター　50
プロスペクト理論　10
分配　103
補償原理　97, 99, 102, 104, 106
補償賃金格差の理論　60
本工　135

マ 行

マクロ経済スライド　23, 32, 34, 35
満足原理　118
無過失責任　58
メインバンク　159-167, 169
メリット制　58
モラルハザード（制度の悪用）　5, 53

ラ 行

ライフサイクル　1
リストラ　51
臨検監督（臨検）　54
臨時工　135
労災保険　14, 42
労災保険のひとり歩き　58
老人保健　23, 24
労働安全衛生法　54
労働災害　2, 41
労働災害のリスク　45
労働力調査　130
ロウントリー　68

ワ 行

ワークシェアリング　53

■岩波オンデマンドブックス■

新装増補 リスク学入門 2
経済からみたリスク

2013 年 3 月 19 日　第 1 刷発行
2019 年 6 月 11 日　オンデマンド版発行

編　者　　橘木俊詔
　　　　たちばなきとしあき

発行者　　岡本　厚

発行所　　株式会社 岩波書店
　　　　　〒101-8002　東京都千代田区一ツ橋 2-5-5
　　　　　電話案内　03-5210-4000
　　　　　https://www.iwanami.co.jp/

印刷／製本・法令印刷

© Toshiaki Tachibanaki 2019
ISBN 978-4-00-730889-5　　Printed in Japan